LA CUISINE CHINOISE

LA CUISINE CHINOISE

GRÜND

Table

Texte anglais de Kenneth Lo
Adaptation française de Christine Colinet

Première édition 1977 by Octopus Books Limited
59 Grosvenor Street, London, W1

ISBN : 2-7000-5121-1

Dépôt légal : 1er trimestre 1980

Produced by Mandarin Publishers Limited
22a Westlands Road, Quarry Bay, Hong Kong
Photocomposition : Georges Frère, Tourcoing
Printed in Hong Kong

Distribution UNIMEX

Introduction

Vous serez étonné de constater combien il est facile de faire de la cuisine chinoise. Contrairement à ce que l'on pense, il n'est pas nécessaire d'avoir une collection d'ustensiles spéciaux pour la cuisine chinoise, si ce n'est des aliments de bonne qualité, des casseroles, des poêles à frire et des cocottes à fond épais. De plus, presque tous les ingrédients utilisés dans la cuisine chinoise vous sont familiers : riz, farine, pâtes, viande, volaille, poisson, coquillages, légumes et fruits. Même les condiments sont similaires : sel, poivre, sucre, vinaigre, vin, etc. Quant aux modes de cuisson, les plus populaires sont : rôtir, bouillir, faire frire, faire cuire à la vapeur, faire griller et faire cuire au barbecue ; la plupart ne sont pas inconnus de la cuisine occidentale. Le seul mode de cuisson qui ne vous soit pas familier consiste à faire revenir rapidement, tout en tournant ; mais une fois que vous en aurez compris le principe, sa simplicité vous plaira, plus que sa nouveauté.

En fait, la différence réside dans la façon d'utiliser les ingrédients, les assaisonnements, les condiments et, surtout, dans la façon de les faire chauffer et de les faire cuire. Par exemple, les soupes chinoises (que traditionnellement l'on déguste tout au long du repas), sont des consommés clairs dans lesquels on fait cuire en même temps, rapidement, tout un ensemble d'ingrédients, afin d'obtenir le parfum désiré. Les plats de légumes sont souvement cuits pendant un temps assez court, de sorte qu'ils ressemblent plus à des salades chaudes, ou bien, s'il s'agit de légumes fermes ou semi-fermes, on les fait cuire dans leur jus plutôt qu'avec de grandes quantités d'eau. Les plats de viande sont cuits beaucoup plus lentement qu'en Occident (pour la rendre plus tendre et pour qu'elle ait plus de goût), ou bien plus rapidement (pour qu'elle soit plus croustillante). Peut-être utilise-t-on de façon plus consciente et plus délibérée de l'huile parfumée ; des légumes au goût prononcé comme le gingembre, l'ail, l'oignon, les poivrons, les haricots noirs salés, sont souvent cuits rapidement dans une très petite quantité d'huile, pour donner du goût à celle-ci, qui sert ensuite pour la cuisson des ingrédients principaux. On utilise également des graisses parfumées pour cuisiner les pâtes et les légumes, ce qui les rend plus attrayants et meilleurs. A part la sauce soja, toute une série de produits à base de soja sont utilisés pour assaisonner et parfumer : cubes de soja, pâte de soja, haricots noirs salés, sauce hoisin.

Le reste tient essentiellement à la cuisson, et en particulier dans le contrôle de la chaleur en cours de cuisson. Les Chinois surveillent le degré de chaleur pendant la cuisson plus que les Occidentaux, et c'est cette faculté qui permet de distinguer les grands chefs. Appliquer soudainement un feu fort ne saisit pas seulement les sucs des aliments (qui sont cuits en petits morceaux), mais les cuit également en profondeur en peu de temps, sans que les sucs ne s'en aillent, rendant ainsi le produit final plus succulent. De même pour la cuisson des aliments fermes, il vaut mieux les faire cuire à feu doux continu, plutôt que de les mettre à feu vif ; car, si vous utilisez un feu bas pour cuire un aliment ferme sans qu'il soit noyé dans un liquide, il deviendra très tendre sans devenir fibreux, et cela évite que le parfum de l'aliment ne se perde dans la sauce.

Bien qu'on puisse dire que la cuisine chinoise compte une quarantaine de méthodes de cuisson, il suffit en fait d'en connaître quelques-unes pour pouvoir faire un certain nombre de plats.

Faire revenir rapidement, tout en tournant

Cette méthode semble caractéristique de la cuisine chinoise, pour la plupart des Européens. Elle consiste à faire chauffer une petite quantité d'huile ou de graisse et à y faire cuire tour à tour les aliments préparés — en commençant par ceux qui demandent le plus long temps de cuisson — puis à les remuer et les retourner dans l'huile chaude, d'abord un par un, puis ensemble, soit lentement, soit rapidement. Vous pouvez faire mariner ou assaisonner les légumes, la viande (généralement des morceaux tendres, comme le filet), la volaille et le poisson, avant de les faire cuire, ou bien ajouter les assaisonnements ou les épices pendant la cuisson. Souvent l'huile ou la graisse peut être parfumée en y faisant cuire et en y remuant des ingrédients relevés en goût ou parfumés. En variant la température et les assaisonnements, aussi bien que les ingrédients, le nombre de plats que l'on peut faire cuire selon cette méthode est pratiquement illimité. Comme le temps de cuisson est extrêmement court (1 à 3 minutes), c'est un mode de cuisson très en faveur dans les restaurants. Mais c'est une méthode de cuisson qui fait subir un travail intensif à l'aliment et qui demande qu'il soit coupé en fines tranches régulières, en petits cubes ou en lanières, avant de passer dans la poêle. Une chose importante à retenir, avant de faire cuire les aliments selon cette méthode, est qu'il ne faut absolument pas les empiler les uns sur les autres dans la poêle, autrement ils commenceront à suer, ils seront donc trop cuits et mous, au lieu d'être frits et croustillants. Pardessus tout, il faut absolument que la cuisson soit rapide. L'huile ou la graisse doivent être très chaudes avant d'y mettre les premiers ingrédients et vous ferez cuire la deuxième fournée, quand la première sera complètement cuite. Vous remuerez, tournerez ou incorporerez les assaisonnements, quand les ingrédients de la poêle seront très chauds. La plupart des plats préparés selon ce mode de cuisson doivent être consommés dès qu'ils sont cuits, car les connaisseurs estiment que la chaleur est un élément essentiel pour une bonne dégustation.

La cuisine rouge

Il s'agit d'une forme de ragoût fait avec la sauce soja. C'est un ragoût cuit avec très peu d'eau (parfois même sans eau du tout), et on y ajoute très peu de légumes. Les ingrédients ajoutés au début sont généralement secs, conservés dans le vinaigre, ou salés. La température est maintenue délibérément très basse (après que l'on a porté le contenu à ébullition), et pendant un temps très long (1 1/4 h à 3 1/2 h, selon la viande ou le poisson à cuire). L'action de la sauce soja combinée avec d'autres ingrédients, comme un peu de sucre et de vin, rend l'ingrédient principal extrêmement tendre et succulent. Cette méthode de cuisson convient bien à la viande et à la volaille. La plupart des plats cuits de cette façon se conservent bien plusieurs jours au réfrigérateur et ils se réchauffent bien.

Cuisson dans un bouillon clair

Il s'agit d'un procédé de cuisson lent, mais dans lequel on n'utilise pas de sauce soja. La cuisson s'effectue en général dans un bouillon clair (ou de l'eau) qui, maintenu délibérément à basse température (après avoir été porté à ébullition), doit rester clair tout au long de la cuisson. Le but de cette méthode est de rendre l'aliment très tendre. On augmente le parfum du bouillon en utilisant des ingrédients relevés ou parfumés, généralement ajoutés en début de cuisson, et aussi en incorporant une série d'épices en fin de cuisson. La viande cuite de cette façon est suffisamment tendre pour être mangée avec des baguettes, et on la passe dans des sauces à base de soja avant de la déguster. On sert traditionnellement le bouillon de cuisson comme une soupe, dans laquelle on trouve les légumes qui doivent être croquants.

Cuisson à la vapeur

Ce procédé de cuisson existe sous deux formes : l'une fermée, l'autre à découvert. La cuisson à la vapeur fermée ressemble à la cuisson dans du bouillon clair expliquée ci-dessus : il s'agit d'un processus de cuisson très lent. Les aliments sont disposés dans un récipient que l'on met à l'intérieur d'une marmite à vapeur ; ils cuisent à la vapeur pendant plusieurs heures, jusqu'à ce qu'ils soient non seulement cuits, mais surtout qu'ils aient atteint le degré de moelleux souhaité. La cuisson à la vapeur à découvert est plus rapide ; les aliments sont disposés dans un plat à feu avec tous les ingrédients nécessaires au plat et sont cuits vigoureusement (5 à 20 minutes à la vapeur). Le but de ce processus de cuisson est d'avoir un plat final dont la forme et la texture n'auront pas été détériorées par le mode de cuisson. Il doit avoir, une fois cuit, le même aspect qu'avant la cuisson. Il n'y a que des produits très frais qui permettent d'utiliser ce mode de cuisson. Le poisson et les coquillages sont souvent cuits de cette façon. L'un des avantages de ce mode de cuisson est qu'il permet de disposer les ingrédients (tels qu'ils seront servis), dans le plat de service, avant de les faire cuire.

Faire rôtir (Cha shao)

Le Cha shao consiste à faire rôtir une viande ou une volaille, qui a été assaisonnée et a mariné, avant de la faire cuire très peu de temps (10 à 15 minutes), à une température élevée. Quand ils sont soumis à une très forte température soudaine, les assaisonnements et la marinade s'incrustent à la surface de la viande et y forment une couche parfumée savoureuse, qui contraste fortement avec le goût et la fraîcheur de la viande. Ce mode de cuisson permet de

北京广东四川

préparer le plat longtemps à l'avance avant de le faire cuire ; mais il nécessite l'utilisation de morceaux de viande très tendres et de très bonne qualité, comme le filet.

Les ingrédients de la cuisine chinoise

Bien que les Chinois utilisent une multitude d'assaisonnements sous forme de sauces, d'aliments séchés, conservés dans le vinaigre ou dans le sel, de légumes au goût très prononcé, la liste ci-dessous comprend les ingrédients le plus fréquemment utilisés. Ils entrent bien sûr en composition avec d'autres, qui nous sont plus familiers.

Sauces
Sauce soja
Pâte de soja
Sauce soja sucrée
Cubes de soja
Sauce hoisin
Sauce d'huîtres
Sauce crevettes
Sauce poisson

Ingrédients séchés
Champignons parfumés
Haricots noirs salés (Tao Hsi)
Piments secs
Champignons noirs
Crevettes séchées
Coquilles Saint-Jacques séchées
Seiches séchées
Cinq-parfums : il s'agit d'un mélange d'anis étoilé, de poivre anisé, de fenouil, de clous de girofle et de cannelle. A utiliser parcimonieusement, en poudre.

Légumes en conserve
Laitue salée (Hseuh tsai)
Navet salé (Tong tsai)

Légumes au goût prononcé
Gingembre
Ail
Ciboule

Les recettes de ce livre sont prévues pour deux personnes ayant bon appétit, ou pour trois personnes ayant un appétit moyen.

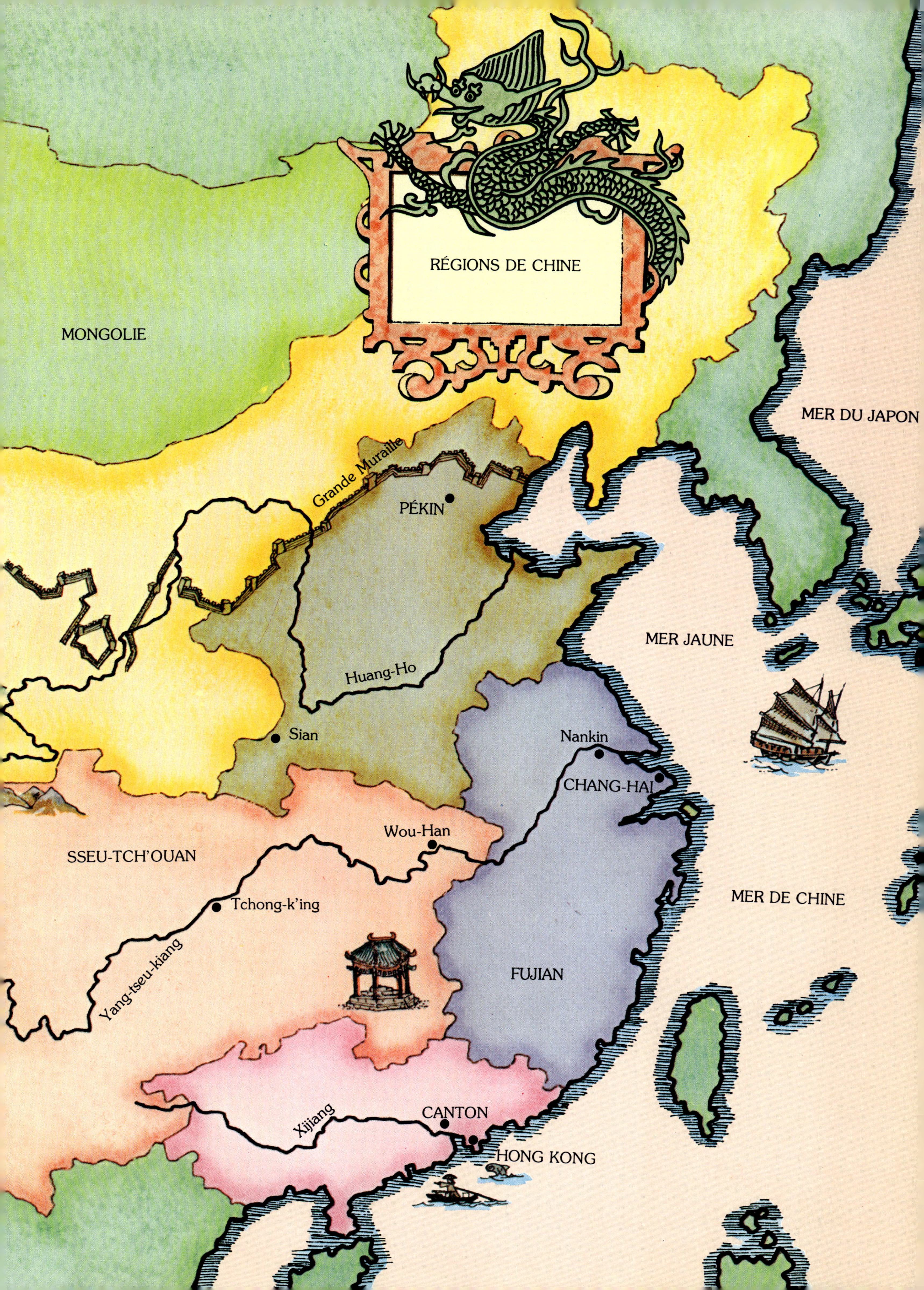
RÉGIONS DE CHINE
MONGOLIE
MER DU JAPON
Grande Muraille
PÉKIN
MER JAUNE
Huang-Ho
Sian
Nankin
CHANG-HAI
Wou-Han
SSEU-TCH'OUAN
Tchong-k'ing
MER DE CHINE
Yang-tseu-kiang
FUJIAN
Xijiang
CANTON
HONG KONG

Les plats uniques

Ces plats ont été sélectionnés en fonction de leur facilité : additionnés de riz, ils constituent un repas complet. Ils parcourent toute la gamme des diverses techniques de cuisson depuis les plats revenus en tournant jusqu'à la cuisine rouge, en passant par le Cha shao méridional. Sauf dans les plats que l'on fait revenir tout en tournant où, dans la plupart des cas, la viande et les légumes sont mélangés en cours de cuisson, les légumes sont préparés séparément. En particulier dans la cuisine rouge et les plats que l'on fait rôtir, c'est la viande qui fournira la sauce, qui est un élément essentiel pour rendre le riz agréable au palais. Dans le cas où l'on fait cuire séparément les légumes, on le fait simplement (on les fait revenir tout en tournant et braiser dans un bouillon clair additionné d'un peu d'huile, de graisse ou de beurre), en utilisant peu de sauce soja. Dans tous les plats de ce chapitre, le riz est l'élément de base. Par conséquent dans chaque plat, il y a trois éléments : le riz cuit à l'eau disposé au fond du plat, la viande avec la sauce et les légumes frais légèrement colorés (ou verts). Dans les plats revenus tout en tournant, où la viande et les légumes sont cuits ensemble, le plat final est plus coloré.
Comme le riz constitue l'élément de base des recettes de ce chapitre, celui-ci commence par une méthode simple de cuisson du riz.

Riz

Il ne doit pas coller et être légèrement croquant.
Mettez 450 g de riz long grain dans une casserole à fond épais. Rincez-le une fois ou deux à l'eau froide courante, puis égouttez-le. Ajoutez-lui de l'eau, environ 1 1/4 son volume. Portez à ébullition, couvrez et isolez la casserole, en posant dessous une plaque d'amiante. Au bout de 1 minute, baissez le feu et laissez mijoter doucement 15 minutes. Retirez du feu et laissez le riz cuire dans sa propre chaleur 10 à 12 minutes. Il est prêt à être servi.
Vous pouvez utiliser le riz cuit de cette façon dans toutes les recettes qui suivent.

Poulet aux champignons et aux petits pois

2 blancs de poulet pesant chacun 250 g environ
4 cuillères à soupe d'huile
1/2 cuillère à café de sel
Poivre
8 champignons de Paris moyens
2 cuillères à soupe de beurre
250 g de petits pois
1/2 cuillère à café de sucre
2 cuillères à soupe de sauce soja
1/2 bouillon cube au poulet
3 cuillères à soupe d'eau ou de bouillon clair (page 25)
450 g de riz cuit

Préparation : découpez les blancs de poulet en dés. Passez-les dans un quart de l'huile et saupoudrez-les de sel et de poivre. Équeutez les champignons, et émincez les queues et les têtes séparément.
Cuisson : faites chauffer le reste d'huile avec le beurre dans une grande poêle à feu vif. Quand le beurre est fondu, ajoutez-y les queues de champignons. Faites revenir 1 minute tout en tournant. Ajoutez les dés de poulet et faites revenir 1 minute. Ajoutez le reste des champignons et les petits pois. Saupoudrez de sucre, de sauce soja et du bouillon cube en miettes, puis versez l'eau ou le bouillon. Faites revenir 2 minutes, tout en tournant.
Présentation : versez le riz cuit au fond du plat de service chaud, et disposez dessus l'ensemble des autres ingrédients.

Porc à la sauce aigre-douce

450 g de jambonneau maigre désossé
1 cuillère à soupe de farine
1/2 cuillère à café de sel
1 poivron vert, de taille moyenne
3 tomates, de taille moyenne
4 cuillères à soupe d'huile
450 g de riz cuit

Sauce
1/4 de cuillère à soupe de sucre
2 cuillères à soupe de vinaigre de vin blanc
1 cuillère à soupe de concentré de tomates
3 cuillères à soupe de jus d'orange
1 cuillère à soupe de sauce soja
1 cuillère à soupe de maïzena délayée dans 4 cuillères à soupe d'eau

Préparation : coupez le jambonneau en dés. Passez-les dans la farine et salez-les. Épépinez les poivrons et retirez les parties blanches, puis coupez-les en petits morceaux. Coupez les tomates en quartiers. Mettez tous les ingrédients de la sauce dans une jatte et mélangez-les bien.
Cuisson : faites chauffer l'huile dans une grande poêle à feu vif. Quand elle est très chaude, ajoutez-y les dés de jambonneau. Faites revenir tout en tournant 3 minutes. Ajoutez les poivrons, les tomates et faites revenir tout en tournant 1 minute. Versez la sauce, tournez et mélangez les ingrédients jusqu'à ce qu'elle les nappe complètement. Laissez cuire encore quelques secondes ; la sauce doit épaissir.
Présentation : disposez le riz cuit au fond d'un plat de service chaud et versez dessus le mélange.

Bœuf aux tomates et aux petits pois

450 g de filet de bœuf
4 cuillères à soupe d'huile
1/2 cuillère à café de sel
Poivre
2 oignons de taille moyenne
2 ciboules
2-3 tomates
2 cuillères à soupe de beurre
250 g de petits pois
1/2 cuillère à café de sucre
2 cuillères à soupe de sauce soja
1/2 bouillon cube au poulet
4 cuillères à soupe d'eau
1 cuillère à soupe de maïzena délayée dans 4 cuillères à soupe d'eau
450 g de riz cuit

Préparation : coupez la viande en dés. Passez-les dans un quart de l'huile et saupoudrez-les de sel et de poivre. Découpez les oignons en tranches fines et la ciboule en petits tronçons de 1,5 cm. Coupez les tomates en quartiers.
Cuisson : faites chauffer le reste d'huile avec le beurre dans la poêle, à feu vif. Quand le beurre est fondu, ajoutez-y les oignons. Faites revenir tout en tournant 1 minute. Poussez les oignons vers le bord de la poêle. Ajoutez les morceaux de bœuf et faites-les revenir tout en tournant 1 minute. Ajoutez la ciboule, les petits pois et les tomates. Versez dessus le sucre, la sauce soja, le bouillon cube en miettes et l'eau. Tournez jusqu'à ce que les ingrédients soient bien mélangés et portez à ébullition. Versez dessus la maïzena délayée et tournez jusqu'à ce que la sauce épaississe.
Présentation : étalez le riz au fond d'un plat de service chaud et disposez dessus les autres ingrédients.

Bœuf aux tomates et aux petits pois

Mouton aux poireaux

450 g d'épaule de mouton désossée
4 cuillères à soupe d'huile
1/2 cuillère à café de sel
Poivre
2 petits poireaux
2-3 tranches de gingembre (facultatif)
1 1/2 cuillère à café de sucre
1 cuillère à soupe de beurre
2 cuillères à soupe de sauce soja
1 cuillère à soupe de maïzena délayée dans 4 cuillères à soupe d'eau
1 cuillère à soupe de shao hsin chiew ou de vin blanc
450 g de riz cuit (page 12)

Préparation : découpez le mouton en tranches très fines, puis en morceaux de 2 cm. Passez-les dans un quart de l'huile et saupoudrez-les de sel et de poivre. Nettoyez soigneusement les poireaux et coupez-les en morceaux de 1,5 cm. Pelez et râpez le gingembre.
Cuisson : faites chauffer le reste d'huile à feu vif dans une grande poêle. Quand elle est très chaude, ajoutez-y les morceaux de mouton et le gingembre. Faites revenir quelques minutes en tournant constamment, puis poussez le tout vers le bord de la poêle. Faites fondre le beurre dans la poêle et ajoutez-y les poireaux. Faites-les revenir quelques minutes en tournant constamment. Ajoutez le sucre, la sauce soja et faites revenir, sans les mélanger, le mouton et les poireaux 1 minute. Versez la maïzena sur le mouton et le shao hsin chiew sur le poireaux. Mélangez le tout.
Présentation : étalez le riz cuit au fond d'un plat de service chaud et posez dessus les autres ingrédients.

Porc aux germes de soja et à la ciboule

450 g de porc maigre
2 cuillères à soupe de sauce soja
4 cuillères à soupe d'huile
1/2 cuillère à café de sel
4 ciboules
1 1/2 cuillère à soupe de beurre
350 g de germes de soja
1/2 cuillère à café de sucre
2 cuillères à soupe d'eau bouillante
1 1/2 cuillère à soupe de vin blanc sec
450 g de riz cuit (page 12)

Préparation : coupez le porc en tranches fines, puis en morceaux de 2,5 cm. Passez-les dans la moitié de la sauce

Porc aux germes de soja et à la ciboule

soja additionnée d'un quart de l'huile. Saupoudrez-les de sel. Coupez la ciboule en morceaux de 2,5 cm.
Cuisson : faites chauffer à feu vif le reste d'huile. Quand elle est très chaude, ajoutez les morceaux de porc. Faites-les revenir en remuant 2 minutes, puis retirez-les de la poêle. Faites fondre le beurre dans la poêle et ajoutez-y les germes de soja et les morceaux de ciboule. Faites-les revenir 1 minute, tout en remuant. Versez dessus le reste de sauce soja, le sucre et l'eau. Faites revenir tout en remuant 1/2 minute. Remettez le porc dans la poêle. Ajoutez le vin blanc et faites encore revenir 1 minute en remuant.
Présentation : disposez le riz cuit au fond d'un plat de service chaud et nappez-le de la préparation.

Crevettes au lard, aux champignons et au concombre

2 gousses d'ail
2 fines tranches de gingembre (facultatif)
350 à 450 g de crevettes décortiquées
4 cuillères à soupe d'huile
1/2 cuillère à café de sel
Poivre
1 oignon moyen
2 à 3 tranches de lard
250-350 g de champignons de Paris
1/2 concombre, de taille moyenne
1 cuillère à soupe de beurre
1/2 cuillère à café de sucre
1 1/2 cuillère à soupe de sauce soja
2 cuillères à soupe de vin blanc sec
450 g de riz cuit (page 12)

Préparation : écrasez l'ail, puis pelez et coupez fin le gingembre. Passez les crevettes dans l'ail, le gingembre, et dans le quart de l'huile. Saupoudrez-les de sel et de poivre. Coupez l'oignon en tranches fines. Coupez le lard en fines lanières. Équeutez les champignons, puis coupez les chapeaux. Coupez le concombre en dés.
Cuisson : faites chauffer le reste d'huile et le beurre dans une grande poêle à feu vif. Quand le beurre est fondu, ajoutez-y l'oignon. Laissez revenir 1/2 minute tout en remuant. Ajoutez les champignons, le lard, et faites revenir 1 minute en remuant. Ajoutez les crevettes, les dés de concombre et versez dessus le sucre et la sauce soja. Laissez revenir 2 minutes tout en remuant. Versez le vin blanc et laissez cuire encore quelques secondes.

Crevettes au lard, aux champignons et au concombre

Cha shao de porc au chou

La graisse de la viande peut être utilisée pour préparer la sauce, ou pour faire cuire les légumes qui accompagneront le plat. Pour faire le Cha shao, utilisez des morceaux de viande de très bonne qualité.

700 g de filet de porc
1 petit chou
1 cuillère à soupe de beurre
1/2 bouillon cube au poulet
1 cuillère à soupe de sauce soja
Sel et poivre
6 cuillères à soupe d'eau
450 g de riz cuit (page 12)

Marinade
1 1/2 cuillère à soupe de sauce soja
1 cuillère à soupe de sauce hoisin
1 1/2 cuillère à café de sauce soja noire (facultatif)
1 pincée de sel
1 1/2 cuillère à soupe d'huile
1 1/2 cuillère à café de sucre

Préparation : mélangez tous les ingrédients de la marinade. Ajoutez-y le porc. Laissez-le environ 2 h à 2 h 30, en le tournant toutes les 30 minutes. Coupez le chou en lanières.
Cuisson : posez le porc sur une grille au-dessus de la lèchefrite. Placez-le dans un four préchauffé à 230-240°. Laissez-le rôtir 12 à 14 minutes en le retournant une fois. Retirez-le du four et tenez-le au chaud. Mettez la lèchefrite ou le plat contenant le jus de cuisson de la viande sur un feu modéré et ajoutez-y le beurre. Quand il est fondu, ajoutez le chou et remuez jusqu'à ce qu'il soit bien nappé. Saupoudrez du bouillon cube émietté, de la sauce soja, du sel, du poivre et de l'eau. Augmentez le feu, couvrez et laissez cuire 2 à 3 minutes, en ajoutant un peu d'eau si nécessaire.
Présentation : découpez le porc en tranches très minces. Disposez le riz au fond d'un plat de service chaud, posez dessus les tranches de viande et nappez le tout avec la sauce et le chou.

Cha shao de bœuf aux poireaux

Marinade (voir ci-dessus)
700 g de filet de bœuf
2 tranches de gingembre
3 poireaux
1 1/2 cuillère à soupe de beurre
1/2 cube de bouillon de poule
1 cuillère à soupe de sauce soja
6 cuillères à soupe d'eau
1/2 cuillère à café de sucre
450 g de riz cuit (page 12)

Préparation : préparez la marinade. Coupez le bœuf en deux dans le sens de la longueur. Pelez et râpez le gingembre, et saupoudrez-le sur la viande. Mettez-la dans la marinade et laissez-la environ 1 heure. Nettoyez les poireaux et coupez-les en morceaux de 1,5 cm.
Cuisson : posez les morceaux de bœuf sur une grille placée sur une lèchefrite ou sur un plat à four. Mettez dans un four préchauffé à 230-240°. Laissez rôtir 10 à 11 minutes, en tournant la viande une fois. Retirez la viande du four et tenez-la au chaud. Mettez le plat contenant le jus de cuisson sur feu doux et ajoutez le beurre. Quand il est fondu, ajoutez les poireaux et remuez jusqu'à ce qu'ils soient bien nappés. Ajoutez le bouillon cube émietté, la sauce soja, l'eau et le sucre. Portez à feu vif, couvrez et laissez cuire 2 minutes, en ajoutant un peu d'eau si nécessaire.
Présentation : découpez la viande en tranches de 1,5 cm d'épaisseur. Disposez le riz au fond d'un plat de service chaud, posez dessus les tranches de viande et nappez le tout avec la sauce et les poireaux.

Poisson aux oignons et à la ciboule

700 g de poisson (églefin, turbot, cabillaud, carpe, saumon de fontaine, etc.)
2-3 tranches de gingembre
1 cuillère à soupe de farine
1/2 cuillère à café de sel
Poivre
2 oignons de taille moyenne
3 ciboules
3 1/2 cuillères à soupe de sauce soja
3 cuillères à soupe de vin rouge
1 cuillère à café de sucre
5 cuillères à soupe d'huile
450 g de riz cuit (page 12)

Préparation : coupez le poisson en morceaux de 4 cm. Pelez et râpez le gingembre. Passez le poisson dans la farine, le sel, le poivre et le gingembre. Laissez 30 minutes. Découpez l'oignon en tranches fines. Coupez la ciboule en morceaux de 2,5 cm. Mélangez bien la sauce soja avec le vin rouge et le sucre.
Cuisson : faites chauffer 2 cuillères à soupe d'huile dans une grande poêle à feu modéré. Quand l'huile est chaude, ajoutez-y l'oignon et laissez revenir 2 minutes tout en remuant. Poussez-le sur le bord de la poêle. Ajoutez le reste d'huile. Quand elle est chaude, faites-y revenir 2 minutes de chaque côté les morceaux de poisson, tout en tournant. Versez le mélange de sauce soja et tournez les morceaux de poisson jusqu'à ce qu'ils soient bien nappés. Ajoutez l'oignon, puis parsemez la ciboule sur le tout. Couvrez et laissez cuire 3 à 4 minutes.
Présentation : disposez le riz au fond d'un plat de service chaud et nappez-le avec le poisson.

Cha shao de porc au chou

Poulet au chou-fleur

Ce plat supportant très bien d'être réchauffé, les quantités indiquées ci-dessous sont suffisantes pour deux repas, pour deux personnes.

1 poulet de 1,5-2 kg
6 cuillères à soupe de sauce soja
15 cl d'eau
2 1/2 cuillères à soupe de sucre
1 gros chou-fleur
1 1/2 bouillon cube de poule
60 cl de bouillon chaud
3 cuillères à soupe d'huile
4 cuillères à soupe de shao hsin chiew ou de vin blanc
Sel et poivre
2 cuillères à soupe de beurre
450 g de riz cuit (page 12)

Préparation : découpez le poulet en 15 à 20 morceaux. Mélangez bien la sauce soja avec l'eau et le sucre. Séparez le chou-fleur en bouquets. Faites dissoudre le bouillon cube dans le bouillon chaud.
Cuisson : faites chauffer l'huile dans une cocotte à feu doux. Quand l'huile est chaude, mettez-y les morceaux de poulet. Faites revenir 5 à 6 minutes, tout en remuant. Versez le mélange de sauce soja et tournez les morceaux de poulet jusqu'à ce qu'ils en soient bien nappés. Portez à ébullition. Retirez la cocotte du feu et couvrez. Mettez-la dans un four préchauffé à 150°. Laissez cuire 1 heure, en remuant une ou deux fois. Ajoutez le shao hsin chiew. Recouvrez et remettez 45 minutes au four, en remuant une fois ou deux. Pendant ce temps, versez le bouillon dans une casserole et portez à ébullition. Ajoutez-y les bouquets de chou-fleur et laissez cuire 2 minutes à feu vif. Égouttez le chou-fleur (vous pouvez conserver le bouillon de cuisson, pour l'utiliser une autre fois), salez, poivrez et ajoutez-y le beurre.
Présentation : disposez le riz cuit sur un plat de service chaud et posez dessus le poulet, la sauce et le chou-fleur.

Œufs au lard et aux petits pois

3-4 tranches de lard
4 œufs
1/2 cuillère à café de sel
Poivre
4-5 tomates de taille moyenne
1 oignon de taille moyenne
4 cuillères à soupe d'huile
1 1/2 cuillère à soupe de beurre
250 g de petits pois
1/2 bouillon cube au poulet
3 cuillères à soupe d'eau bouillante
1 1/2 cuillère à soupe de sauce soja
1 cuillère à café de sucre
450 g de riz cuit (page 12)

Préparation : coupez le lard en lanières fines. Cassez les œufs au-dessus d'une jatte, salez et poivrez. Battez-les bien. Coupez les tomates en quartiers. Émincez finement l'oignon.
Cuisson : faites chauffer l'huile dans une grande poêle à feu vif. Quand elle est chaude, ajoutez l'oignon et le lard. Faites revenir 1 minute en remuant. Versez dessus les œufs battus, en remuant la poêle pour qu'ils s'étalent. Laissez cuire 1 minute sans remuer. Retirez du feu et attendez jusqu'à ce que les œufs commencent à prendre. Puis remuez doucement quelques minutes. Retirez ce mélange de la poêle et tenez-le au chaud. Faites fondre le beurre dans la poêle et ajoutez-y les petits pois et les tomates. Mélangez

bien. Versez dessus le bouillon cube émietté, l'eau, la sauce soja et le sucre. Portez à ébullition, puis faites revenir 1/2 minute, tout en remuant.
Présentation : disposez le riz cuit sur un plat de service chaud ; posez dessus les œufs et mettez le mélange petits pois-tomates tout autour.

Œufs au lard et aux petits pois

Œufs et légumes à la sauce aigre-douce

4-5 œufs
1/2 cuillère à café de sel
Poivre
1 chou-fleur de taille moyenne
1 poivron rouge
2 branches de céleri
2 tomates
2 cuillères à soupe de beurre
1/2 bouillon cube au poulet
4 cuillères à soupe d'eau
125 g de germes de soja
1 cuillère à soupe de sauce soja
3 cuillères à soupe d'huile
450 g de riz cuit (page 12)

Sauce
1 1/4 cuillère à soupe de sucre
2 cuillères à soupe de vinaigre de vin blanc
1 cuillère à soupe de concentré de tomates
1 cuillère à soupe de sauce soja
3 cuillères à soupe de jus d'orange
1 cuillère à soupe de maïzena délayée dans 4 cuillères à soupe d'eau

Préparation : cassez les œufs au-dessus d'une jatte, salez, poivrez. Battez-les bien. Séparez le chou-fleur en petits bouquets. Épépinez le poivron et retirez les parties blanches, puis coupez-le en petits morceaux. Coupez le céleri en morceaux de 1,5 cm de long. Coupez les tomates en quartiers. Mélangez tous les ingrédients de la sauce.
Cuisson : mettez le beurre, le bouillon cube émietté et l'eau dans une casserole. Quand le beurre est fondu, ajoutez le chou-fleur, le céleri, les tomates, le poivron, les germes de soja et la sauce soja. Faites revenir 1 minute tout en tournant. Baissez le feu, couvrez et laissez mijoter 3 à 4 minutes. Retirez du feu et tenez au chaud. Faites chauffer l'huile dans une poêle. Quand elle est chaude, versez-y les œufs en remuant la poêle, afin qu'ils s'étalent bien. Laissez cuire 1 minute sans remuer. Retirez du feu et laissez jusqu'à ce que les œufs commencent à prendre. Remuez-les doucement. Retirez-les de la poêle et tenez-les au chaud. Versez la sauce dans une petite casserole et portez à ébullition, en remuant, jusqu'à ce qu'elle épaississe.
Présentation : disposez le riz sur un plat de service chaud. Posez dessus les œufs et le mélange de légumes autour. Nappez de sauce et servez aussitôt.

Cha shao de poisson

2 tranches de gingembre
Marinade (page 16)
1 kg de poisson à chair ferme (cabillaud, églefin, brochet, carpe, etc.)
3 poireaux
3 tomates de taille moyenne
1 1/2 cuillère à soupe de beurre
1/2 bouillon cube au poulet
1 cuillère à soupe de sucre
5-6 cuillères à soupe d'eau
1 cuillère à soupe de sauce soja
2 cuillères à soupe de shao hsin chiew ou de vin blanc
450 g de riz cuit (page 12)

Préparation : pelez et coupez fin le gingembre. Préparez la marinade. Coupez le poisson en 4 à 6 morceaux. Saupoudrez-le de gingembre, ajoutez la marinade et arrosez-le bien. Laissez-le mariner 1 heure, en l'arrosant de temps en temps. Lavez soigneusement les poireaux et coupez-les en morceaux de 1,5 cm de long. Coupez les tomates en quartiers.
Cuisson : mettez les morceaux de poisson sur une grille que vous poserez sur un plat à four ou une lèchefrite. Faites rôtir 10 à 12 minutes dans un four préchauffé à 230-240°, en les retournant une fois. Retirez-les du four et tenez-les au chaud.
Mettez le beurre dans une casserole à feu doux. Quand il est fondu, ajoutez les poireaux et les tomates. Remuez-les jusqu'à ce qu'ils soient bien nappés de beurre. Ajoutez alors le bouillon cube émietté, le sucre, l'eau, la sauce soja et le shao hsin chiew. Mettez à feu vif, couvrez et laissez cuire 2 minutes, en ajoutant un peu d'eau si nécessaire.
Présentation : disposez le riz cuit sur un plat de service chaud. Posez dessus le poisson et les légumes.

Riz sauté à la viande

Pour préparer ce plat, utilisez des restes de porc rôti, de mouton rôti ou de poulet rôti.

Riz sauté (voir recette suivante)
Salade chinoise (voir recette suivante)
350-450 g de restes de viande cuite
2 oignons de taille moyenne
3 cuillères à soupe d'huile
1 cuillère à soupe de beurre
2 cuillères à soupe de sauce soja
1 cuillère à soupe de sauce hoisin
2 cuillères à soupe de shao hsin chiew ou de vin blanc
1 cuillère à café de sucre
1 cuillère à café de maïzena délayée dans 3 cuillères à soupe de bouillon de poule froid

Préparation : préparez le riz et la salade. Coupez la viande en petits morceaux. Coupez l'oignon fin.
Cuisson : faites cuire le riz et la salade. Faites chauffer ensemble l'huile et le beurre dans une poêle à feu doux. Quand le beurre est fondu, ajoutez-y les oignons. Faites revenir tout en tournant, puis laissez cuire 2 minutes sans remuer. Ajoutez la viande, la sauce soja, la sauce hoisin, le shao hsin chiew et le sucre. Augmentez le feu et faites revenir 1 1/2 minute, tout en remuant. Ajoutez la maïzena délayée et remuez jusqu'à ce que la sauce épaississe.
Présentation : disposez le riz sur un plat de service chaud. Posez dessus la viande et la salade.

Riz sauté et salade mélangée

Riz sauté
1 gros oignon
4 tranches de lard
4 œufs
4 cuillères à soupe d'huile
2 cuillères à soupe de beurre
125 g de petits pois
450 g de riz cuit (page 12)
1 1/2 cuillère à soupe de sauce soja

Salade
1 romaine
125 g de germes de soja
2-3 tomates
2 branches de céleri
1/2 botte de cresson
1 gousse d'ail
2 tranches de gingembre
2 ciboules
1 1/2 cuillère à soupe de sauce soja
2 cuillères à soupe de vinaigre de vin
2 cuillères à soupe de bouillon clair (page 25)
1 cuillère à café de sucre
1/2 cuillère à café d'huile de sésame
1 cuillère à soupe d'huile d'olive

Préparation du riz : coupez l'oignon fin. Découpez le lard en lanières très fines. Cassez les œufs au-dessus d'une jatte et battez-les bien.
Préparation de la salade : coupez les légumes en petits morceaux de même taille. Écrasez l'ail et râpez le gingembre. Coupez la ciboule en fines rondelles. Mélangez le gingembre, l'ail, la ciboule, la sauce soja, le vinaigre, le bouillon, le sucre et les huiles.
Cuisson : pour le riz, faites chauffer l'huile et le beurre dans une grande casserole à feu doux. Quand le beurre est fondu, ajoutez-y l'oignon et le lard. Faites revenir 1 1/2 minute tout en tournant. Versez les œufs sur la moitié de la poêle et les petits pois sur l'autre moitié. Laissez cuire 1 minute sans remuer. Retirez du feu et laissez ainsi jusqu'à ce que les œufs commencent à prendre. Mélangez les œufs avec les autres ingrédients de la poêle. Reportez la poêle sur le feu. Ajoutez le riz cuit et versez la sauce soja. Tenez au chaud. Pour la salade, mettez tous les légumes dans une jatte et versez dessus les ingrédients liquides, puis mélangez bien.
Présentation : disposez le riz sur un plat de service chaud et versez dessus la salade.

Riz sauté et salade mélangée

Les grands classiques

La cuisine et la dégustation en commun sont une tradition et une habitude dans la famille chinoise, depuis des temps immémoriaux. Quand un ou plusieurs hôtes inattendus apparaissent à la table du dîner, le repas peut rapidement s'allonger avec un nouveau plat (qui peut être cuit en quelques minutes), ou avec quelque nourriture déjà prête comme un plat de viande de la cuisine rouge, cuit d'avance et conservé au froid, que l'on peut réchauffer et servir en toute confiance.

Un repas de trois ou quatre plats est considéré comme relativement léger, mais ceux-ci seront bien équilibrés en représentant un éventail assez large de produits. Normalement, il y aura une soupe que l'on peut facilement allonger pour doubler la quantité, simplement en versant un peu plus de bouillon et en ajoutant quelques légumes coupés en tranches très minces, des crevettes ou des champignons séchés, par exemple, pour en relever le goût. Puis il y aura un plat de la cuisine rouge (habituellement cuit en grande quantité, car il supporte d'être réchauffé), et pour accompagner cela, il y aura deux à trois plats que vous préparerez, au dernier moment, en faisant revenir rapidement les ingrédients tout en les tournant. L'un de ces plats pourrait être un plat de fruits de mer, comme des crevettes, dans la mesure où, si elles sont déjà décortiquées, il n'est pas nécessaire de les couper. Vous pouvez faire cuire ces plats rapidement, en l'espace de 1 minute, et les augmenter, si nécessaire, presque du double, par l'addition de petits pois ou de légumes coupés très fin (concombre, céleri, etc.) et peut-être un peu plus de bouillon et de sauce soja. Un plat de viande peut aussi être servi avec un bouillon corsé, la viande coupée en lanières et assaisonnée de pickles hachés et d'une certaine quantité de légumes frais. Un tel plat sera particulièrement parfumé et même épicé, et il sera accompagné d'une bonne quantité de riz. Pour le contraste, il pourrait y avoir un plat de poisson (soit frit, soit en sauce, ou dans du bouillon), ou un plat d'œufs (cuits à la vapeur ou revenus) ; tous ces derniers plats doivent être consommés dans un seul repas. On doit donc les préparer en petites quantités.

Quand, dans la soupe ou dans n'importe lequel des autres plats, les légumes n'apparaissent pas en grande quantité, on en prépare souvent un plat à part, ce qui permet de garder un certain équilibre au menu. Si le légume appartient à la catégorie des légumes mous (épinard, laitue, tomate, champignon, petit pois et germe de soja), habituellement on le fait cuire, en le faisant revenir rapidement tout en tournant. Par contre, si le légume est d'une consistance ferme ou semi-ferme (comme le chou-fleur, les brocoli, les aubergines, les haricots verts, les fèves, les courgettes, etc.), il est d'usage de le faire braiser dans une petite quantité de bouillon, de sauce soja et de vin ; après l'avoir fait revenir, on laisse frémir à couvert pendant quelques minutes, puis on le fait encore revenir en tournant, avant de servir.

Les recettes de ce chapitre donnent au lecteur un vaste choix pour établir un menu d'un dîner typique de trois ou quatre plats, mais quand vous faites votre choix, assurez-vous qu'un ou deux plats, au moins, demandent une longue cuisson, pour que vous puissiez les retirer du feu longtemps avant l'heure prévue pour le repas, et que vous n'ayez plus à vous occuper, au dernier moment, que des plats à faire revenir tout en tournant. Si nécessaire, vous pouvez même ne vous en occuper qu'après l'arrivée des invités.

北京広東四川

La soupe chinoise

En général, elle se consomme tout au long du repas, plutôt qu'au début. Bien que pendant les banquets on serve plusieurs soupes, pour ponctuer toute une longue série de plats, au cours d'un dîner en famille il n'y aura qu'une seule soupe, qui sera servie tout au long du repas, et qui servira de « boisson », à prendre entre deux bouchées d'aliments solides. La plupart des soupes chinoises sont des bouillons légers ou des consommés auxquels on peut ajouter une grande variété d'ingrédients (viande, coquillages, légumes secs ou frais), pour leur donner du parfum. Le nombre de soupes que l'on peut créer est infini, mais la base est constituée par un bouillon clair, dont vous trouverez la recette ci-dessous.

Bouillon clair

1 carcasse de poulet
700 g de travers de porc
450 g d'os de jambon, ou de bœuf
2 l d'eau
1 cuillère à café de sel
1 cuillère à café de crevettes sèches (facultatif)

Préparation et cuisson : mettez tous les ingrédients dans une grande casserole à fond épais. Portez à ébullition et laissez mijoter doucement 1 3/4 h, en écumant régulièrement la surface. Passez le bouillon et laissez-le refroidir. Quand il est froid, retirez le gras qui s'est formé à la surface et passez-le à nouveau.
Ce bouillon sert de base à de très nombreuses soupes chinoises, mais on peut aussi l'ajouter en petites quantités dans d'autres plats.

Soupe d'œuf

1 bouillon cube au poulet
60 cl de bouillon clair (voir ci-dessus)
1 œuf
2-3 ciboules
1/2 cuillère à café d'huile de sésame
Sel et poivre

Préparation : faites fondre le bouillon cube dans le bouillon. Cassez les œufs au-dessus d'une jatte et battez-les bien, coupez la ciboule en rondelles fines.
Cuisson : mettez le bouillon dans une casserole et portez à ébullition. Retirez du feu et versez les œufs en un mince filet. Ne remuez pas avant que les œufs ne soient pris (pas plus de 15 secondes).
Présentation : répartissez les morceaux de ciboule dans des bols individuels. Versez dessus le bouillon. Ajoutez l'huile de sésame, salez, poivrez. Cette soupe est très populaire en Chine, car elle est facile à faire et ne coûte pas cher.

Bouillon clair

Soupe au cresson et au travers de porc

700 g de travers de porc
1 botte de cresson
90 cl d'eau
1/2 bouillon cube au poulet
30 cl de bouillon clair (page 25)
Sel et poivre

Préparation : détaillez le travers de porc en petites portions individuelles. Épluchez et lavez le cresson.
Cuisson : mettez les morceaux de travers dans une casserole à fond épais et couvrez-les d'eau. Portez à ébullition et laissez mijoter doucement 1 1/2 heure, en écumant régulièrement la surface. Ajoutez le bouillon cube émietté, le bouillon, salez, poivrez et portez à ébullition. Ajoutez le cresson et faites bouillir de nouveau.
Présentation : versez la soupe dans des bols individuels ou dans une soupière.

Soupe au bœuf, aux épinards et aux tomates

250 g de bœuf à braiser
130-180 g d'épinards
4-5 tomates de taille moyenne
2 ciboules
2 tranches de gingembre (facultatif)
60 cl de bouillon clair (page 25)
1/2 bouillon cube au poulet
Sel et poivre

Préparation : découpez le bœuf en 12-15 morceaux. Épluchez et nettoyez soigneusement les épinards, puis coupez-les. Coupez les tomates en quartiers et la ciboule en morceaux de 1,5 cm de long. Pelez et coupez en morceaux le gingembre.
Cuisson : mettez les morceaux de bœuf dans une casserole à fond épais. Ajoutez le gingembre et 60 cl d'eau. Portez à ébullition et laissez mijoter doucement 1 1/2 heure. Retirez le gingembre. Ajoutez le bouillon et le bouillon cube émietté, puis portez à ébullition. Ajoutez les tomates, les épinards, la ciboule et faites bouillir à nouveau. Laissez mijoter 3-4 minutes. Rectifiez l'assaisonnement.
Présentation : versez la soupe dans des bols individuels ou dans une soupière.

Soupe au poulet et aux champignons

6 champignons parfumés
1 blanc de poulet d'environ 130 g
1/2 cuillère à café de sel
1 cuillère à soupe de maïzena
1/2 blanc d'œuf
250 g de champignons de Paris
60 cl de bouillon clair (page 25)
1 cuillère à soupe de sauce soja
Sel et poivre

Préparation : faites tremper les champignons parfumés 30 minutes dans 30 cl d'eau. Équeutez-les et coupez les têtes en quartiers. Mettez les têtes et l'eau dans laquelle ils ont trempé dans une casserole et portez à ébullition. Laissez mijoter doucement 15 minutes. Découpez le blanc de poulet en fines lanières. Passez-les dans le sel, la maïzena et le blanc d'œuf. Équeutez les champignons frais et coupez-les en tranches fines.

Soupe au bœuf, aux épinards et aux tomates

Cuisson : versez le bouillon dans une grande casserole. Ajoutez-y les champignons secs, le liquide dans lequel ils ont macéré et les champignons frais. Portez à ébullition et laissez mijoter 5-6 minutes. Ajoutez les lanières de poulet et laissez mijoter 5-6 minutes. Ajoutez la sauce soja et rectifiez l'assaisonnement.
Présentation : versez la soupe dans des bols individuels ou dans une soupière.

Soupe aigre

6-8 champignons parfumés
1 cube de pâte de soja
1 œuf
3-4 cuillères à soupe de vinaigre de vin
1 pincée de poivre noir
2 cuillères à soupe de maïzena
6 cuillères à soupe d'eau
90 cl de bouillon clair (page 25)
1 bouillon cube au poulet
12 cuillères à soupe de sauce soja
4 cuillères à soupe de crevettes décortiquées

Préparation : faites tremper les champignons secs 30 minutes dans 30 cl d'eau. Équeutez-les et coupez les têtes en quartiers. Mettez de côté l'eau dans laquelle ils ont trempé. Coupez le cube de pâte de soja en dés. Cassez l'œuf au-dessus d'une jatte et battez-le bien. Mélangez le vinaigre, le poivre, la maïzena et l'eau.
Cuisson : mettez dans une casserole les champignons et l'eau dans laquelle ils ont trempé. Ajoutez le bouillon, le bouillon cube émietté, la sauce soja, les dés de pâte de soja et les crevettes. Portez doucement à ébullition. Faites-y couler l'œuf en un mince filet. Ne remuez pas avant que l'œuf ne soit pris (pas plus de 15 secondes). Versez le mélange de vinaigre, remuez et laissez chauffer doucement 1 minute).
Présentation : versez la soupe dans des bols individuels ou dans une soupière.

Soupe au poulet, au maïs et aux crevettes

1 blanc de poulet d'environ 130 g
30 cl de bouillon clair froid (page 25)
1 cuillère à soupe de maïzena
430 g de maïs en grains
130-180 g de crevettes décortiquées
130 g de petits pois
1 bouillon cube au poulet
Sel et poivre

Préparation : coupez le poulet en cubes. Mélangez la maïzena et le bouillon.
Cuisson : mettez le maïs dans une grande casserole. Ajoutez les crevettes, le poulet, les petits pois, le bouillon cube émietté et 30 cl d'eau. Portez à ébullition et laissez mijoter 2-3 minutes. Ajoutez le mélange bouillon-maïzena et mélangez bien. Rectifiez l'assaisonnement. Laissez chauffer encore 1 minute, en remuant constamment.
Présentation : versez la soupe dans des bols individuels ou dans une soupière.

Soupe de légumes au lard

80 g de vermicelle de soja, ou vermicelle chinois (facultatif)
2 tranches de lard
80 g de haricots verts
1/2 poivron rouge
1 oignon de taille moyenne
2 branches de céleri
3 tomates de taille moyenne
3-4 feuilles de laitue
50 g de cresson
2 ciboules
1 l de bouillon clair (page 25)
1 bouillon cube au poulet
1 1/2 cuillère à soupe de sauce soja
Sel et poivre

Préparation : faites tremper le vermicelle 10 minutes dans de l'eau chaude et égouttez-le. Découpez le lard en fines lanières. Épluchez les haricots verts et coupez-les en deux. Épépinez le poivron, retirez les parties blanches, puis coupez-le en tranches fines. Coupez l'oignon en tranches fines. Coupez le céleri en morceaux de 2,5 cm de long, puis les tomates en morceaux. Nettoyez la laitue et le cresson, puis coupez-les fin. Coupez la ciboule en morceaux de 1,5 cm de long.
Cuisson : versez le bouillon dans une grande casserole. Ajoutez le lard, les haricots verts, le céleri, l'oignon, le poivron et le bouillon cube émietté. Portez à ébullition et laissez mijoter doucement 15 minutes. Ajoutez les tomates, le vermicelle, le cresson, la laitue, la sauce soja et la ciboule. Laissez frémir 5 minutes. Rectifiez l'assaisonnement.
Présentation : versez la soupe dans des bols individuels ou dans une soupière.

Ingrédients pour la soupe de légumes au lard

Soupe à la pastèque

4-5 champignons parfumés
1 grosse pousse de bambou
50 g de jambon cuit
2 tranches de gingembre
1 pastèque de taille moyenne
60 cl de bouillon
1 bouillon cube au poulet
1 cuillère à café de crevettes séchées
2 cuillères à soupe de shao hsin chiew ou de vin blanc
1 pincée de sel

Préparation : faites tremper les champignons 30 minutes dans 30 cl d'eau. Équeutez-les et coupez les têtes en quartiers. Coupez la pousse de bambou en fines tranches et le jambon en petits dés. Pelez et coupez le gingembre. Coupez horizontalement la pastèque en deux, retirez la chair et les graines de la moitié du bas. Découpez environ un quart de la chair en tranches de la même taille que les tranches de pousse de bambou. Retirez un peu de chair et de graines de l'autre moitié, que vous utiliserez comme couvercle au moment de la cuisson.

Cuisson : faites chauffer le bouillon dans une casserole. Ajoutez tous les autres ingrédients, sauf les moitiés de pastèque évidées, et portez doucement à ébullition. Laissez mijoter 30 minutes. Posez une moitié de pastèque évidée dans une jatte allant au four et versez-y le contenu de la casserole. Recouvrez-la de l'autre moitié de pastèque. Mettez la jatte dans une marmite à vapeur et faites cuire environ 45 minutes (ou bien mettez la jatte dans une grande casserole contenant environ 2,5 cm d'eau bouillante et faites bouillir 5-6 minutes).

Présentation : retirez la jatte de la marmite à vapeur et apportez la pastèque sur la table.

Soupe à la pastèque

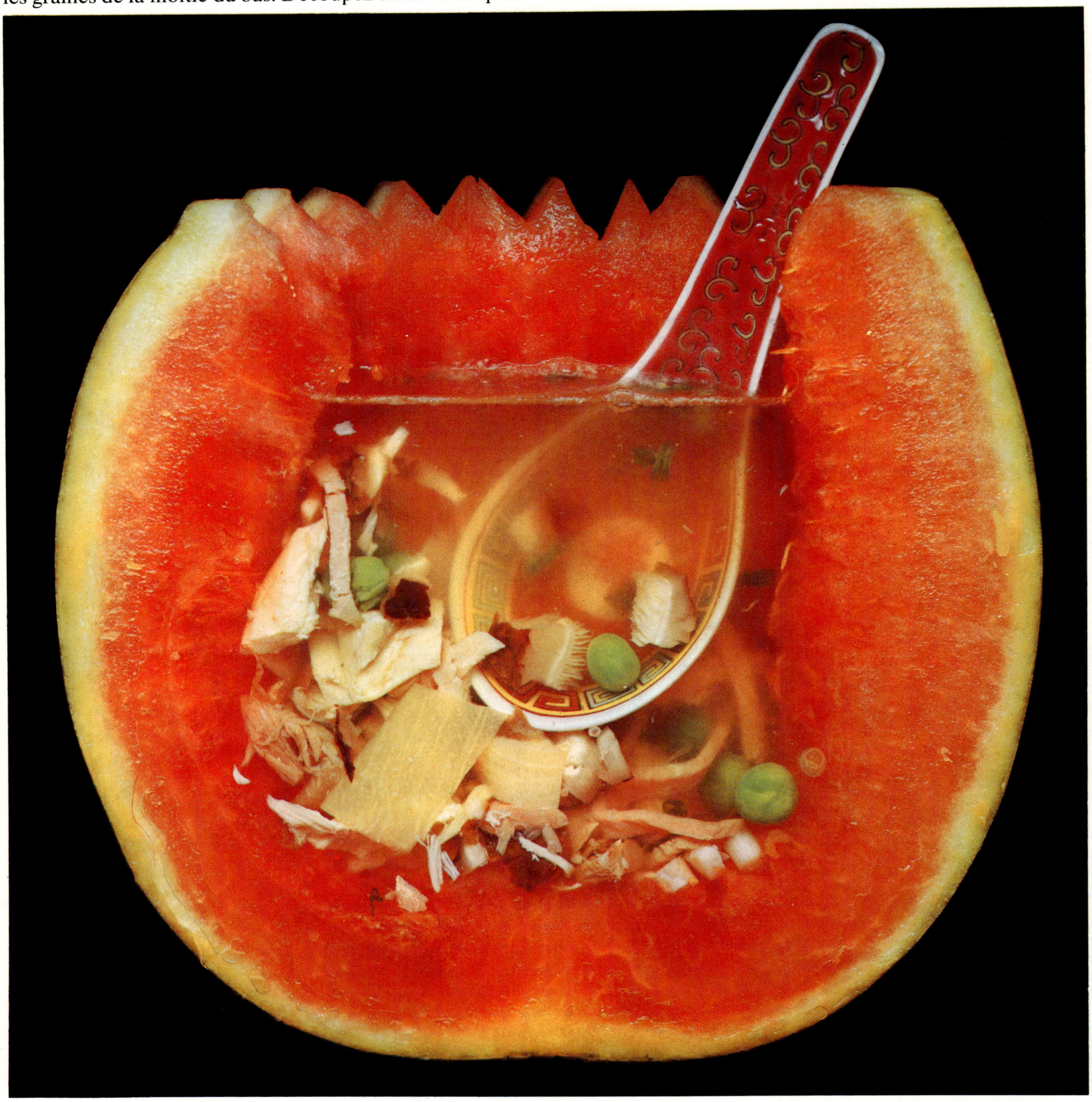

Les nouilles

A part le riz, les nouilles constituent l'aliment le plus apprécié et le plus important en Chine. Les plats dans lesquels il y a des nouilles diffèrent des plats de pâtes occidentaux par le fait que, au cours de la cuisson et pour la présentation, on y ajoute une très grande variété de légumes et d'autres ingrédients, mais qu'on n'y ajoute aucun produit laitier. Les plats de nouilles sont constitués par deux éléments : les nouilles, qui ont été mélangées dans de l'huile aromatisée ou dans une sauce, ou plongées dans un bouillon, et une garniture substantielle. De ce fait, ils constituent souvent à eux seuls un repas complet.

Nouilles en sauce (nouilles de longue vie)

1 jambonneau de 1-1,5 kg
3 1/2 cuillères à soupe de sauce soja
3 cuillères à soupe de shao hsin chiew ou de vin blanc
80 cl de bouillon clair (page 25)
450 g de nouilles chinoises
3-4 œufs
Sauce soja (pour colorer les œufs, vous pouvez la réutiliser ensuite)

Préparation et cuisson : mettez le jambonneau dans une cocotte. Couvrez-le d'eau et portez à ébullition. Laissez mijoter doucement 40 minutes, en écumant régulièrement. Ajoutez la sauce soja et le shao hsin chiew. Baissez le feu et mettez une plaque d'amiante ou un diffuseur sous la cocotte ou bien mettez-la 1 heure dans un four préchauffé à 150°. Ajoutez le bouillon et laissez mijoter encore 1 heure. Désossez le jambonneau. Faites cuire les nouilles à l'eau bouillante salée 7 à 8 minutes, puis égouttez-les. Mettez-les dans le jus de cuisson du jambonneau. Faites cuire les œufs durs, écalez-les et faites-les mijoter 15 minutes dans une poêle contenant de la sauce soja (en quantité suffisante pour recouvrir le fond de la poêle sur 1,5 cm d'épaisseur), en les tournant 5 à 6 fois afin qu'ils deviennent bruns.
Présentation : répartissez les nouilles dans des bols individuels ou bien mettez-les dans un grand saladier. Décorez les nouilles — qui doivent être à moitié recouvertes par la sauce — avec les œufs et la viande. En Chine, on sert le jambonneau en entier ou bien découpé en deux ou trois morceaux, puis ensuite on le pose sur les nouilles avec les œufs. On sert ce plat traditionnellement pour les anniversaires, d'où le nom de « longue vie ».

Soupe de nouilles aux crevettes et aux ailes de poulet

350 g de nouilles chinoises ou de spaghetti
180-230 g d'épinards ou de chou
3 gousses d'ail
6 ailes de poulet
3 cuillères à soupe d'huile
3 cuillères à soupe de sauce soja
5 cuillères à soupe d'eau
1 l de bouillon clair (page 25)
1/2 cuillère à café de sucre
3 cuillères à soupe de shao hsin chiew ou de vin blanc
1 bouillon cube au poulet
2 cuillères à soupe de beurre
230 g de crevettes (décortiquées)

Préparation : faites cuire les nouilles à l'eau bouillante salée 7 à 8 minutes (12 minutes pour les spaghetti), et égouttez-les. Rincez-les sous l'eau froide. Nettoyez et lavez soigneusement les épinards ou le chou, puis hachez-les. Écrasez les gousses d'ail. Coupez les ailes de poulet à la jointure.
Cuisson : faites chauffer l'huile dans une casserole. Ajoutez-y les ailes de poulet et faites-les revenir 3 à 4 minutes tout en remuant. Ajoutez la sauce soja, l'eau et 10 cl du bouillon. Portez à ébullition et laissez mijoter doucement 30 minutes, en remuant de temps à autre. Ajoutez le sucre et le vin. Versez le reste de bouillon dans une grande casserole. Ajoutez-y le bouillon cube écrasé, les nouilles et les épinards. Portez à ébullition et laissez mijoter doucement 5 minutes. Mettez l'ail et le beurre dans une petite casserole. Faites revenir quelques secondes tout en remuant. Ajoutez les crevettes et faites revenir 1/2 minute tout en remuant. Laissez mijoter doucement 1 1/2 minute.
Présentation : versez le bouillon et les nouilles dans des bols individuels, puis posez dessus les épinards, le poulet et les crevettes.

Soupe de nouilles au poulet et au jambon

350 g de nouilles chinoises ou de spaghetti
130 g de jambon
130 g de chair de poulet rôti
180-230 g d'épinards
1 bouillon cube au poulet
90 cl de bouillon clair (page 25)
2 cuillères à soupe d'huile
1 cuillère à soupe de beurre
1 cuillère à soupe de sauce soja

Préparation : faites cuire les nouilles à l'eau bouillante salée 7 à 8 minutes (12 minutes pour les spaghetti), puis égouttez-les et rincez-les sous l'eau froide. Découpez le jambon et le poulet en lanières. Nettoyez et lavez soigneusement les épinards, puis hachez-les.
Cuisson : ajoutez le bouillon cube émietté au bouillon et portez à ébullition. Ajoutez les nouilles ou les spaghetti et laissez mijoter doucement 2 minutes. Faites chauffer l'huile et le beurre dans une poêle à feu vif. Quand le beurre est fondu, ajoutez-y les épinards que vous ferez revenir 1 minute tout en tournant. Versez la sauce soja et laissez revenir 1 minute tout en tournant.
Présentation : versez les nouilles et le bouillon dans une grande soupière ou dans des bols individuels, puis posez dessus le jambon, le poulet et les épinards. Vous pouvez utiliser du chou à la place des épinards, mais il faudra que vous le fassiez revenir 3 minutes de plus, avec 2 à 3 cuillères à soupe de bouillon.

Chow mein (nouilles sautées)

Le chow mein est un plat qui contient des nouilles que l'on a d'abord fait cuire à l'eau bouillante, puis après les avoir égouttées, que l'on fait revenir dans de l'huile aromatisée et que l'on recouvre ensuite d'ingrédients variés comme de la viande, des légumes ou des fruits de mer.

Chow mein aux fruits de mer

350 g de nouilles chinoises ou de spaghetti
1 oignon de taille moyenne
2 tranches de lard
3 1/2 cuillères à soupe d'huile
230 g de palourdes ou de chair de crabe
3 cuillères à soupe de sauce soja

Garniture
3 tranches de gingembre
3 gousses d'ail
3 ciboules
1/2 poivron rouge
2 1/2 cuillères à soupe de beurre
6 huîtres
230 g de crevettes décortiquées ou de moules sans les coquilles
Sel et poivre
1/2 cuillère à café de sucre
2 cuillères à soupe de shao hsin chiew ou de vin blanc

Préparation : faites cuire les nouilles à l'eau bouillante salée 7 à 8 minutes (12 minutes pour les spaghetti), puis égouttez-les. Rincez-les à l'eau froide. Coupez en lanières l'oignon, le lard et le gingembre. Écrasez l'ail. Coupez la ciboule en morceaux de 2,5 cm de long. Épépinez le poivron, retirez les parties blanches, puis coupez-le en lanières.
Cuisson : faites chauffer l'huile dans une grande poêle à feu vif. Ajoutez l'oignon, le lard et laissez revenir 1/2 minute tout en remuant. Laissez cuire 1 minute. Ajoutez les palourdes ou la chair de crabe et 2 cuillères à soupe de sauce soja. Faites revenir 1 minute tout en tournant. Ajoutez les nouilles ou les spaghetti et versez le reste de la sauce soja. Faites revenir 1 minute tout en tournant. Baissez le feu et laissez mijoter doucement 3 à 4 minutes. Pendant ce temps, faites chauffer le beurre à feu vif dans une petite casserole. Quand il est fondu, ajoutez-y le gingembre, l'ail, le poivron, les huîtres et les crevettes. Faites revenir 1 minute tout en tournant. Ajoutez la ciboule, le sel, le poivre, le sucre et le shao hsin chiew. Faites revenir 1 minute, tout en tournant.
Présentation : versez tous les ingrédients contenus dans la poêle dans une grande jatte chaude. Puis nappez-les avec les ingrédients de la casserole.

Chow mein aux fruits de mer

Chow mein au poulet

350 g de nouilles chinoises ou de spaghetti
1 oignon de taille moyenne
3 tranches de lard
6-8 champignons parfumés de taille moyenne
6-8 gros champignons de Paris
3 ciboules
1/2 bouillon cube au poulet
4 cuillères à soupe de bouillon clair chaud (page 25)
1 blanc de poulet d'environ 180 g
3 1/2 cuillères à soupe d'huile
2 1/2 cuillères à soupe de sauce soja
2 1/2 cuillères à soupe de beurre
130 g de germes de soja
1 1/2 cuillère à soupe de shao hsin chiew ou de vin blanc

Préparation : faites cuire les nouilles à l'eau bouillante salée 7 à 8 minutes (12 minutes pour les spaghetti), puis égouttez-les. Rincez-les sous l'eau froide. Coupez en lanières l'oignon et le lard. Faites tremper les champignons parfumés 30 minutes dans 30 cl d'eau. Équeutez-les et coupez les têtes en lanières. Équeutez les champignons frais et coupez les têtes en lanières. Coupez la ciboule en morceaux de 2,5 cm de long. Faites fondre le bouillon cube dans le bouillon. Coupez le poulet en lanières.
Cuisson : faites chauffer l'huile dans une grande poêle à feu doux. Ajoutez-y le lard, l'oignon et les champignons secs. Faites revenir 1/2 minute tout en remuant, puis laissez cuire 1 1/2 minute. Faites encore revenir 1/2 minute tout en remuant. Ajoutez les nouilles cuites. Tournez-les bien dans la poêle. Baissez le feu, versez la moitié de la sauce soja et la moitié du bouillon, et tournez encore quelques secondes les nouilles. Laissez cuire 2 minutes. Pendant ce temps, faites chauffer le beurre dans une petite casserole. Quand il est fondu, ajoutez-y le poulet, les champignons frais, les germes de soja et la ciboule. Faites revenir 2 minutes tout en tournant. Versez le reste de sauce soja, le reste de bouillon et le shao hsin chiew. Faites revenir 1/2 minute, tout en tournant.
Présentation : versez les nouilles, les champignons parfumés et le lard dans une grande jatte chaude. Posez dessus le poulet, les champignons frais et la ciboule.

Cha chiang mein (Nouilles pékinoises)

450 g de nouilles chinoises ou de spaghetti
1 oignon de taille moyenne
4 gousses d'ail
3 cuillères à soupe d'huile
1 1/2 cuillère à soupe de saindoux ou de beurre
350 g de porc haché
1/2 cuillère à café de sucre
1 1/2 cuillère à soupe de sauce soja
1 cuillère à soupe de sauce hoisin
2 cuillères à soupe de shao hsin chiew ou de vin blanc
2 cuillères à soupe d'eau

Garniture
230 g de germes de soja
1/3 de concombre de taille moyenne
6 radis de taille moyenne
2 cornichons de taille moyenne
4 ciboules

Préparation : faites cuire les nouilles à l'eau bouillante salée 7 à 8 minutes (12 minutes pour les spaghetti). Préparez-les et égouttez-les, juste au moment de les servir. Hachez l'oignon et écrasez l'ail. Lavez et égouttez soigneusement les germes de soja. Coupez le concombre en longues lanières. Coupez les cornichons et les radis en lanières, et la ciboule en morceaux de 4 cm de long.
Cuisson : faites chauffer l'huile et la graisse dans une casserole à feu vif. Ajoutez-y l'oignon et faites-le revenir 1/2 minute, tout en tournant. Ajoutez le porc et l'ail et faites revenir 3 minutes tout en tournant. Ajoutez le sucre, la sauce soja et la sauce hoisin. Remuez et laissez mijoter doucement. Ajoutez le shao hsin chiew et l'eau. Baissez le feu et laissez mijoter 5 à 6 minutes.
Présentation : égouttez les nouilles chaudes et mettez-les dans une grande jatte chaude. Disposez la viande et la sauce au centre. Servez accompagné des autres ingrédients disposés dans des bols. Les invités prennent une portion de nouilles dans leurs bols individuels et les recouvrent de viande en sauce et d'un assortiment de légumes. On ajoute parfois quelques gouttes de vinaigre chinois aromatisé, sinon du vinaigre de vin et de l'huile de sésame.

Le porc

On le cuit de différentes façons : cuisson rouge, rôti ou mariné, en dés cuits dans la sauce soja noire, ou bien coupé en tranches ou en lanières et revenu avec des légumes. Le porc haché est généralement cuit sous forme de boulettes et le plat traditionnel le plus connu est : les boulettes « tête de lion ».

Porc rouge aux marrons (ci-dessous)
Porc rouge aux œufs et à la ciboule (à droite)

Porc à la cuisson rouge

1,5-2 kg de poitrine de porc
1 cuillère à café de sucre
15 cl d'eau
4 1/2 cuillères à soupe de sauce soja
5 cuillères à soupe de shao hsin chiew ou de vin blanc

Préparation : découpez le porc en morceaux de 4 cm. Mélangez bien le sucre, la sauce soja et l'eau.
Cuisson : mettez les morceaux de porc dans une cocotte à fond épais. Versez dessus de l'eau bouillante, en quantité suffisante pour qu'ils soient bien couverts. Laissez cuire 15 minutes, puis retirez l'eau. Versez le mélange de sauce soja. Remuez et tournez les morceaux de porc, jusqu'à ce

qu'ils soient bien nappés. Mettez la cocotte dans un four préchauffé à 150°. Laissez cuire 1 heure, en remuant deux fois. Versez le shao hsin chiew. Recouvrez la cocotte et remettez-la au four encore 1 heure, en remuant deux fois.
Présentation : apportez la cocotte sur la table. Ceci constitue une excellente garniture pour du riz et se réchauffe très bien. Les quantités indiquées sont pour 4 à 6 personnes.

Porc rouge aux marrons

Faites cuire le porc comme indiqué page 36. Faites cuire 230 g de marrons décortiqués 30 minutes à l'eau bouillante. Égouttez-les, puis ajoutez-les au porc avec 1 cuillère à soupe de sauce soja supplémentaire pendant la dernière heure de cuisson.

Porc rouge aux œufs et à la ciboule

Faites cuire le porc comme indiqué page 36. Nettoyez et coupez en morceaux de 2,5 cm 4 à 5 ciboules. Faites-les revenir 3 minutes tout en tournant dans 3 1/2 cuillères à soupe d'huile et 3 gousses d'ail écrasées. Faites mijoter 4 œufs durs 7 à 8 minutes, dans 15 cl de sauce soja ; ils doivent devenir bruns. Posez les morceaux de porc sur la ciboule et disposez les œufs tout autour. Ce plat est pour 4 à 6 personnes.

Cha shao de porc rôti

1 kg de filet de porc entier

Marinade
3 cuillères à soupe de sauce soja
1 cuillère à soupe de sauce soja noire
1 cuillère à soupe de sauce hoisin (facultatif)
2 cuillères à soupe de shao hsin chiew ou de vin blanc
1 cuillère à soupe de concentré de tomates
1 cuillère à soupe d'huile
1 cuillère à café de sucre

Préparation : mélangez tous les ingrédients de la marinade. Ajoutez-y le porc que vous arroserez bien avec le mélange obtenu. Laissez mariner 1 1/2 h, en retournant le porc toutes les 30 minutes.
Cuisson : posez le porc sur une grille au-dessus d'un plat à four. Mettez dans un four préchauffé à 230-240° et faites rôtir 12 à 15 minutes, en tournant le porc deux fois.
Présentation : découpez le porc en tranches fines. A cause de l'action de la marinade et de celle de la cuisson, les bords de la viande et le centre ne sont pas de la même couleur. Vous pouvez faire une sauce avec le jus qui s'est égoutté pendant la cuisson, en y ajoutant 5 cuillères à soupe de bouillon clair (page 25) et 1 cuillère à soupe de sauce soja que vous aurez mélangés à feu doux 1/2 minute. Vous pouvez servir les restes de porc froid. Ce plat convient pour 4 à 6 personnes.

Travers de porc grillé

1,5 kg de travers de porc
3-4 tranches de gingembre
2 oignons de taille moyenne
3 cuillères à soupe d'huile
5 cuillères à soupe de sauce soja
5 cuillères à soupe d'eau
2 cuillères à soupe de sauce hoisin
1/2 cuillère à café de sucre
5 cuillères à soupe de shao hsin chiew ou de vin blanc
Sel et poivre
5 cuillères à soupe de bouillon clair (page 25)

Préparation : coupez le travers de porc en portions individuelles. Faites-les blanchir 2 minutes à l'eau bouillante, puis égouttez-les. Pelez et coupez le gingembre en lanières. Découpez l'oignon en tranches fines.
Cuisson : mettez le travers de porc et l'huile dans une cocotte à fond épais. Portez à ébullition et faites revenir 5 minutes, tout en tournant. Ajoutez la sauce soja, l'eau, la sauce hoisin, le sucre, le gingembre et l'oignon. Faites revenir tout en tournant, jusqu'à ce que les ingrédients soient bien nappés de sauce. Mettez la cocotte dans un four préchauffé à 150° et laissez cuire 1 heure en tournant deux fois. La première fois que vous tournez, ajoutez le shao hsin chiew et rectifiez l'assaisonnement. Retirez le travers de porc de la cocotte et posez les morceaux les uns à côté des autres au fond d'un plat allant au four. Mettez-le au four et portez la température de celui-ci à 230°. Laissez rôtir 12 à 15 minutes. Mettez la cocotte à feu doux, versez-y le bouillon et laissez revenir 2 à 3 minutes tout en tournant.
Présentation : disposez les morceaux de porc sur un plat de service chaud et nappez-les de sauce. Pour six personnes.

Porc à la sauce pékinoise

700 g de rouelle de porc
1 cuillère à soupe de maïzena
4 cuillères à soupe d'huile
1 1/2 cuillère à soupe de saindoux

Sauce
2 cuillères à soupe de sauce soja noire
1 cuillère à soupe de sauce hoisin
1 1/2 cuillère à soupe de sauce soja
1 cuillère à café de sucre
1 cuillère à café de maïzena
1 1/2 cuillère à soupe de shao hsin chiew ou de vin blanc

Préparation : coupez le porc en cubes de 1,5 cm de côté. Passez-les dans la maïzena et un quart de la quantité d'huile. Mélangez tous les ingrédients de la sauce.
Cuisson : faites chauffer le reste d'huile à feu vif dans une grande poêle. Quand elle est très chaude, ajoutez-y les cubes de porc. Faites-les revenir 2 1/2 minutes, tout en remuant. Poussez-les vers un bord de la poêle. Ajoutez le saindoux, puis baissez le feu. Quand il est fondu, ajoutez la sauce et remuez bien jusqu'à ce qu'elle soit bien mélangée avec le saindoux. Faites revenir tout en tournant les cubes de porc dans la sauce pendant qu'elle épaissit.
Présentation : servez sur un plat de service chaud.

Porc aux poivrons

450 g de rouelle de porc
1/2 cuillère à café de sel
1 1/2 cuillère à soupe de maïzena
5 cuillères à soupe d'huile
1 poivron vert de taille moyenne
1 poivron rouge de taille moyenne
1 1/2 cuillère à soupe de saindoux
1 1/2 cuillère à soupe de sauce soja
1 cuillère à soupe de sauce hoisin
1 pincée de sucre
2 cuillères à soupe de shao hsin chiew ou de vin blanc

Préparation : coupez le porc en tranches fines. Passez-les dans le sel et la maïzena, puis dans 1 cuillère à soupe d'huile. Épépinez les poivrons et retirez les parties blanches, puis coupez-les en morceaux de la même taille que les tranches de porc.
Cuisson : faites chauffer le reste d'huile dans une grande poêle à feu vif. Quand l'huile est très chaude, faites-y revenir 2 minutes les tranches de porc tout en tournant. Poussez-les vers le bord de la poêle. Ajoutez le saindoux de l'autre côté de la poêle. Quand il est fondu, mettez-y les poivrons, remuez et faites revenir 1 minute. Mélangez les poivrons et les tranches de porc. Versez la sauce soja, la sauce hoisin, le sucre et le shao hsin chiew. Faites revenir 1 minute.
Présentation : servez sur un plat de service chaud.

Travers de porc grillé

Boulettes « tête de lion »

230 g de poitrine de porc
1 oignon de taille moyenne
2 gousses d'ail
4 châtaignes d'eau de taille moyenne
450 g de porc haché
4 cuillères à soupe de sauce soja
1/2 cuillère à café de sel
1 1/2 cuillère à soupe d'eau
1 cuillère à soupe de maïzena
130 g de vermicelle de soja
2 1/2 cuillères à soupe d'huile
15 cl de bouillon clair (page 25)
2 cuillères à soupe de shao hsin chiew ou de vin blanc

Préparation : coupez en lanières ou hachez la poitrine de porc. Coupez l'oignon en tranches fines. Mélangez la viande hachée, la poitrine de porc hachée, l'oignon, l'ail, les châtaignes d'eau, la moitié de la sauce soja, le sel, l'eau et la maïzena. Battez jusqu'à ce que tout soit bien mélangé. Faites tremper le vermicelle dans de l'eau chaude. Divisez le mélange de viandes en quatre portions, dont vous ferez des boulettes de même taille.
Cuisson : mettez l'huile dans une cocotte à fond épais. Ajoutez les boulettes et faites-les revenir dans l'huile tout en tournant. Laissez cuire à feu doux 7 à 8 minutes ; les boulettes doivent être dorées. Couvrez et mettez dans un four préchauffé à 150°. Laissez cuire 2 heures en remuant doucement toutes les 30 minutes. Retirez les boulettes de la cocotte et tenez-les au chaud. Versez le bouillon, le shao hsin chiew et le reste de sauce soja dans la cocotte. Laissez revenir quelques secondes. Quand le mélange arrive à ébullition, ajoutez-y le vermicelle. Laissez cuire doucement 8 à 10 minutes (les nouilles doivent absorber presque tout le liquide).
Présentation : disposez la moitié du vermicelle dans une jatte chaude et étalez-le régulièrement. Posez trois boulettes de viande au milieu du lit ainsi formé et mettez la dernière boulette au centre. Posez le reste du vermicelle sur les boulettes en leur donnant la forme d'une crinière.

Porc aux champignons

500 g de porc maigre
2 cuillères à soupe de sauce soja
1 1/2 cuillère à soupe de sauce hoisin
3 1/2 cuillères à soupe d'huile
1 cuillère à soupe de shao hsin chiew ou de vin blanc
1/2 cuillère à café de sucre
1 1/2 cuillère à soupe de concentré de tomates
1/2 cuillère à café de sauce chili
6-8 champignons de taille moyenne
1 1/2 cuillère à soupe de beurre
1 1/2 cuillère à soupe de maïzena, délayée dans 3 cuillères à soupe d'eau

Préparation : coupez le porc en tranches d'environ 4 × 2,5 cm. Mélangez la moitié de la sauce soja, de la sauce hoisin, de l'huile, du shao hsin chiew, du sucre, du concentré de tomates et de la sauce chili, puis mettez-y les tranches de porc. Laissez-les 30 minutes. Équeutez les champignons, et coupez les queues et les têtes en quatre.
Cuisson : faites chauffer le beurre dans une petite casserole. Faites-y revenir les queues de champignons 2 minutes tout en tournant. Ajoutez les têtes de champignons que vous ferez revenir 1 minute tout en tournant. Faites chauffer le reste d'huile dans une grande poêle à frire à feu vif. Faites-y revenir 2 minutes le porc et la marinade, tout en tournant. Ajoutez les champignons contenus dans la casserole, le reste de sauce soja, de la sauce hoisin, du sucre, du concentré de tomates, du shao hsin chiew et de la sauce chili. Faites revenir 1 1/2 minute, tout en remuant. Versez la maïzena et tournez jusqu'à ce que la sauce épaississe.
Présentation : servez sur un plat de service chaud.

Porc aux champignons (ci-dessus)
Boulettes « tête de lion » (à droite)

Le poulet

Pour les Chinois, le poulet et le porc se partagent la même qualité : une saveur neutre, qui permet aisément de les combiner avec d'autres ingrédients. C'est ce qui explique que l'on trouve un plus grand nombre de plats composés de porc et de poulet, que d'autres volailles ou viandes. Le poulet est cuit de la même façon que le porc, sauf quand on le fait revenir tout en tournant, car le temps de cuisson est plus court. On utilise beaucoup le poulet dans les soupes, où l'addition de légumes et de liquide ajoute considérablement au volume et au poids des autres ingrédients, ce qui est très économique. Ces plats accompagnent souvent des plats secs et épicés, ainsi que du riz.

Poulet mijoté

1 poulet de 1,5 kg
2 oignons de taille moyenne
1 chou chinois ou 1 chou frisé de taille moyenne
3-4 tranches de gingembre
1 cuillère à café de sel
3 cuillères à soupe de hseuh tsai (laitue salée), ou de cornichons
1 bouillon cube au poulet

Préparation : faites blanchir le poulet 6 minutes dans de l'eau bouillante, en écumant la surface de l'eau. Égouttez-le. Coupez l'oignon en quartiers. Coupez le chou en quatre, puis encore en deux. Pelez et coupez fin le gingembre. Passez l'extérieur et l'intérieur du poulet dans le sel et farcissez-le avec le mélange suivant : gingembre, bouillon cube écrasé, oignons et hseuh tsai.
Cuisson : mettez le poulet dans une cocotte à fond épais et couvrez-le de 1 1/4 l d'eau. Portez à ébullition. Mettez la cocotte dans un four préchauffé à 180°. Laissez cuire 1 1/2 heure en retournant une fois le poulet. Mettez le chou sous le poulet et remettez la cocotte au four. Laissez cuire encore 40 minutes.
Présentation : servez dans la cocotte ou disposez le poulet, le chou et le jus de cuisson dans une grande soupière chaude. Le poulet doit être suffisamment tendre pour que la chair puisse être prélevée avec des baguettes. Pour 4 à 6 personnes.

Poulet rouge

1 poulet de 1,5 kg
2 oignons de taille moyenne
3-4 tranches de gingembre
3-4 cuillères à soupe d'huile
5-6 cuillères à soupe d'eau
1 cuillère à café de sucre
5-6 cuillères à soupe de sauce soja
5-6 cuillères à soupe de shao hsin chiew ou de vin blanc

Préparation : découpez le poulet en portions individuelles. Coupez chaque morceau, avec les os, en trois. Coupez les oignons en tranches fines. Pelez et coupez en lanières le gingembre.
Cuisson : faites chauffer l'huile dans une cocotte à fond épais à feu doux. Quand elle est chaude, faites-y revenir 3 à

4 minutes les morceaux de poulet tout en tournant. Ajoutez les oignons et le gingembre et faites revenir 2 à 3 minutes tout en tournant. Versez l'eau, le sucre et la sauce soja. Tournez et remuez les morceaux de poulet jusqu'à ce qu'ils soient parfaitement nappés de sauce. Mettez la cocotte dans un four préchauffé à 180°. Laissez cuire 1 heure, en remuant deux fois. Ajoutez le shao hsin chiew et remettez la cocotte au four. Laissez cuire encore 30 minutes.
Présentation : servez directement dans la cocotte ou dans une grande soupière chaude. La sauce de ce plat est excellente à déguster avec du riz. Pour 4 à 6 personnes.

Poulet rouge aux marrons

Préparez et faites cuire le poulet rouge (page 42). Faites cuire environ 350 g de marrons épluchés 30 minutes à l'eau bouillante. Égouttez-les, puis ajoutez-les au poulet ainsi que 1 1/2 cuillère à soupe de sauce soja, au moment où vous rajoutez le shao hsin chiew dans la cocotte. Pour 4 à 6 personnes.

Poulet rouge aux pousses de bambou

On trouve généralement les pousses de bambou en conserve ; utilisez-en environ 100 g. Égouttez-les et rincez-les sous l'eau froide. Coupez-les grossièrement en morceaux de la taille des morceaux de poulet. Préparez et faites cuire le poulet rouge (page 42). Ajoutez les pousses de bambou 30 minutes avant la fin de la cuisson. Pour 4 à 6 personnes.

Poulet mijoté (à gauche)
Poulet rouge aux marrons (ci-dessous)

Poulet en papillotes

Il est essentiel d'utiliser du papier cellophane qui ne contienne pas de plastique, car il brûlerait au contact de la chaleur.

4-5 champignons parfumés
1 blanc de poulet d'environ 230 g
4-5 brocoli
3 ciboules
2 grands morceaux de papier cellophane
1 pincée de sel
Poivre
1 1/2 cuillère à soupe d'huile
1 cuillère à soupe de sauce soja
1 cuillère à soupe de sauce hoisin
1 cuillère à soupe de shao hsin chiew ou de vin blanc
Huile pour la friture

Préparation : faites tremper les champignons 30 minutes dans 30 cl d'eau. Équeutez-les et coupez les têtes en fines lanières. Faites blanchir les brocoli 1 1/2 minute à l'eau bouillante. Égouttez-les et coupez-les en lanières. Émincez le blanc de poulet en lanières. Coupez la ciboule en morceaux de 5 cm de long. Découpez la cellophane en morceaux de 15 cm sur 10 cm. Faites mariner le poulet 30 minutes dans le sel, le poivre et l'huile. Ajoutez tous les légumes, la sauce soja, la sauce hoisin et le shao hsin chiew. Mélangez bien le tout. Disposez 2 cuillères à soupe de ce mélange au milieu de chaque morceau de cellophane. Fermez et repliez les deux bords. Appuyez sur chaque paquet obtenu pour qu'il soit bien plat. Posez un poids dessus, afin de le maintenir bien fermé.

Cuisson : faites chauffer l'huile à friture. Déposez-y doucement 4 à 5 paquets à la fois et laissez frire 2 1/2 à 3 minutes. Retirez-les et égouttez-les sur du papier absorbant.
Présentation : quand tous les paquets sont cuits, disposez-les sur un plat de service chaud. Avant de les déguster, chaque invité retire le papier de cellophane à l'aide de ses baguettes. Pour 4 à 6 personnes.

Poulet au citron

1 poulet de 1,5-2 kg
1 cuillère à café de sel
Poivre
5 cuillères à soupe d'huile
5-6 champignons parfumés de taille moyenne
1 poivron rouge
Zeste de 2 citrons de taille moyenne
5 ciboules
4 tranches de gingembre
1 cuillère à soupe de saindoux
5 cuillères à soupe de bouillon clair (page 25)
4 cuillères à soupe de shao hsin chiew
1 cuillère à café de sucre
2 cuillères à soupe de sauce soja
2-3 cuillères à soupe de jus de citron

Préparation : coupez le poulet en morceaux et désossez-le. Faites-le macérer dans le sel, le poivre et 1 1/2 cuillère à soupe d'huile. Faites tremper 30 minutes les champignons dans 30 cl d'eau. Équeutez-les. Épépinez le poivron et ôtez les parties blanches. Coupez les zestes de citron, le poivron et les champignons en lanières. Coupez la ciboule en rondelles fines. Pelez et hachez le gingembre.
Cuisson : faites chauffer le reste d'huile à feu vif dans une grande poêle. Quand elle est chaude, faites-y revenir 2 minutes le poulet tout en tournant. Retirez-le de la poêle et tenez-le au chaud. Mettez le saindoux dans la poêle. Quand il est fondu, ajoutez-y le gingembre, le poivron et les champignons. Faites revenir 1 minute tout en tournant. Ajoutez les zestes de citron et la ciboule. Faites revenir 1/2 minute tout en tournant. Ajoutez le bouillon, le shao hsin chiew, le sucre et la sauce soja. Quand le mélange commence à bouillir, remettez les morceaux de poulet que vous tournerez bien dans le mélange. Arrosez du jus de citron.
Présentation : servez sur un plat de service chaud. Pour 4 à 6 personnes.

Poulet en papillotes (à gauche)
Poulet au citron (à droite)

Poulet à la sauce pékinoise

2 blancs de poulet d'environ 230 g chacun
1 1/2 cuillère à soupe de maïzena
4 cuillères à soupe d'huile
1/2 blanc d'œuf
2 tranches de gingembre
1 1/2 cuillère à soupe de sauce soja noire
2 cuillères à soupe de sauce soja
1 cuillère à soupe de sauce hoisin
1 cuillère à café de sucre
1 cuillère à soupe de saindoux

Préparation : coupez les blancs de poulet en petits cubes. Passez-les dans la maïzena, un quart de l'huile, puis dans le blanc d'œuf. Pelez et coupez le gingembre en lanières. Mélangez la sauce soja noire, la sauce soja, la sauce hoisin et le sucre.
Cuisson : faites chauffer à feu vif le reste de l'huile dans une poêle. Quand elle est chaude, faites-y revenir 1 minute les cubes de poulet et le gingembre, tout en tournant. Poussez-les vers le bord de la poêle. Baissez le feu. Faites fondre le saindoux dans la poêle et ajoutez-y les sauces mélangées. Tournez jusqu'à ce que la sauce et la graisse soient bien mélangées. Passez-y les cubes de poulet jusqu'à ce qu'ils en soient bien nappés.
Présentation : servez le poulet et la sauce sur un plat de service chaud.

Foies de poulet aux crevettes et aux brocolis

350 g de brocolis
230 g de crevettes décortiquées
1/2 cuillère à café de sel
4 cuillères à soupe d'huile
230 g de foies de poulet
1 1/2 cuillère à soupe de sauce soja
2 tranches de gingembre
1/2 cuillère à café de sucre
2 cuillères à soupe de shao hsin chiew ou de vin blanc

Préparation : séparez les brocolis en petits bouquets. Mettez-les dans l'eau bouillante 3 minutes, puis égouttez-les. Passez les crevettes dans le sel et un quart de l'huile. Coupez chaque foie en quatre, puis passez les morceaux dans la moitié de la sauce soja et un autre quart de l'huile. Pelez et coupez en lanières le gingembre.
Cuisson : faites chauffer le reste d'huile à feu vif dans une poêle. Quand elle est chaude, faites-y revenir 15 secondes le gingembre, tout en tournant. Ajoutez les crevettes, les foies de poulet que vous ferez revenir 1 1/2 minute, tout en tournant. Ajoutez les brocoli. Ajoutez le sucre et le shao hsin chiew, et portez à ébullition. Ajoutez le reste de sauce soja et laissez revenir encore 2 minutes, tout en tournant.
Présentation : servez sur un plat de service chaud.

Poulet croustillant

3 tranches de gingembre
2 cuillères à café de sel
1 poulet de 1,5-2 kg

Préparation : pelez et coupez le gingembre en lanières et mélangez-le avec le sel. Faites blanchir 3 à 4 minutes le poulet à l'eau bouillante, en écumant régulièrement. Laissez-le sécher 3 à 4 heures. Quand il est bien sec, passez-le dans le mélange de sel-gingembre. Laissez-le 3 à 4 heures, ou même toute une nuit.
Cuisson : méthode 1 — mettez le poulet sur une grille au-dessus d'un plat allant au four. Mettez-le dans un four préchauffé à 190° et faites-le rôtir 1 heure, en le retournant deux fois.
Méthode 2 — mélangez 1 1/2 cuillère à soupe de sauce soja avec 1/2 cuillère à café de sucre, passez-y le poulet et laissez-le sécher complètement. Mettez-le dans un panier à friture et faites-le frire jusqu'à ce qu'il soit doré (7 à 8 minutes environ).
Présentation : laissez refroidir légèrement le poulet, puis découpez-le. Coupez chaque morceau en deux ou trois. Posez-les sur un plat de service chaud dont le fond est recouvert d'un mélange de sel et de poivre (1 part de poivre noir fraîchement moulu pour 4 à 5 parts de sel que vous aurez fait revenir 1 1/2 minute dans une poêle, sans cesser de tourner). Pour 4 à 6 personnes.

Poulet braisé

4 gousses d'ail
3 tranches de gingembre
1 poulet de 1-1,5 kg
1 cuillère à café de sel
4 1/2 cuillères à soupe d'huile
4 cuillères à soupe de sauce soja
2 cuillères à soupe de sauce hoisin
1 cuillère à café de sucre
3 1/2 cuillères à soupe de shao hsin chiew ou de vin blanc

Préparation : écrasez l'ail. Pelez et coupez en lanières le gingembre. Coupez le poulet en portions individuelles, puis coupez chacune en trois morceaux. Mélangez le sel, l'ail, le gingembre et 1 1/2 cuillère à soupe d'huile et passez-y les morceaux de poulet. Laissez-les reposer 15 minutes.
Cuisson : faites chauffer à feu vif le reste d'huile dans une grande poêle. Quand elle est chaude, faites-y revenir 4 à 5 minutes les morceaux de poulet, tout en remuant. Ajoutez la sauce soja, la sauce hoisin et le sucre. Versez-y le shao hsin chiew et tournez encore quelque temps les morceaux. Baissez le feu, couvrez et laissez cuire doucement encore 7 à 8 minutes. Otez le couvercle et laissez encore revenir, tout en tournant un peu.
Présentation : servez sur un plat de service chaud.

Foies de poulet aux crevettes
et aux brocolis

Le canard

Canard à l'eau salée

5-6 tranches de gingembre
2 1/2 cuillères à soupe de sel
1 cuillère à café de poivre
1 canard de 2-2,5 kg

Préparation : pelez et hachez fin le gingembre. Mélangez le sel et le poivre, puis passez ce mélange à l'intérieur et à l'extérieur du canard. Laissez-le ainsi 36 heures au réfrigérateur.
Cuisson : mettez le canard dans une grande casserole. Couvrez-le d'eau et portez à ébullition. Baissez le feu, couvrez et laissez mijoter 1 1/4 heure. Retirez le canard et égouttez-le sur du papier absorbant.
Présentation : coupez le canard en portions individuelles, puis chaque portion en 3 à 4 morceaux. Sur un plat de service chaud disposez les morceaux de côtes et de colonne vertébrale au fond, puis disposez les pattes et les ailes tout autour et les aiguillettes au-dessus. Accompagnez de riz. Pour 4 à 6 personnes.

Canard aux champignons parfumés et au poivron rouge

230-350 g de viande de canard crue
2 cuillères à soupe de sauce soja
1 cuillère à soupe de sauce hoisin
3 1/2 cuillères à soupe d'huile
8-10 champignons parfumés de taille moyenne
1 poivron rouge
1 cuillère à soupe de saindoux
1 1/2 cuillère à soupe de shao hsin chiew ou de vin blanc
1/2 cuillère à café de sucre
1 cuillère à café de maïzena diluée dans 3 cuillères à soupe de bouillon clair (page 25)
1 cuillère à soupe de sauce soja noire

Préparation : coupez la chair de canard en morceaux de 4 cm. Mélangez la moitié de la sauce soja, la sauce soja noire, la sauce hoisin et 1 cuillère à soupe d'huile. Badigeonnez-en la viande et laissez 30 minutes. Faites tremper les champignons 30 minutes dans 30 cl d'eau. Équeutez-les et coupez les têtes en deux. Épépinez le poivron et ôtez les parties blanches, puis coupez-le en lanières de 1,5 × 4 cm.
Cuisson : faites chauffer à feu vif le reste d'huile dans une casserole de taille moyenne. Quand elle est chaude, faites-y revenir 2 1/2 minutes le canard, la marinade et les champignons, tout en tournant. Ajoutez le saindoux et le poivre. Remuez bien pendant 1 minute. Ajoutez le shao hsin chiew, le reste de sauce soja, le sucre et la maïzena diluée. Remuez et tournez 1 minute. Baissez le feu et laissez mijoter 2 à 3 minutes.
Présentation : servez sur un plat de service chaud.

Canard à l'oignon et au poireau

6 champignons parfumés de taille moyenne
1 canard de 2-2,25 kg
4 tranches de gingembre
2 petits poireaux
4 oignons de taille moyenne
5 cuillères à soupe d'huile
1/2 cuillère à café de sel
4 cuillères à soupe de sauce soja
90 cl d'eau
30 cl de vin rouge
1 bouillon cube au poulet

Préparation : faites tremper 30 minutes les champignons dans 30 cl d'eau. Gardez l'eau. Équeutez-les et coupez les têtes en quatre. Dégraissez le canard. Pelez et hachez le gingembre. Nettoyez soigneusement les poireaux et coupez-les en morceaux de 5 cm de long. Coupez l'oignon en deux, faites-le revenir 4 à 5 minutes dans l'huile, puis égouttez-le. Faites revenir le canard 5 à 6 minutes dans la même huile ; il doit être légèrement doré. Farcissez l'intérieur du canard avec le gingembre, l'oignon, le sel et les champignons.
Cuisson : mettez le canard dans une cocotte à fond épais. Ajoutez la moitié de la sauce soja et l'eau. Portez à ébullition, puis laissez mijoter doucement 45 minutes, en retournant une fois le canard. Laissez refroidir. Quand c'est froid, écumez la surface du liquide. Retirez deux tiers du liquide. Ajoutez le vin, l'eau dans laquelle ont trempé les champignons, le reste de sauce soja et le bouillon cube émietté. Portez à ébullition, puis laissez mijoter 1 heure, en tournant une ou deux fois le canard ; le liquide doit réduire de moitié. Retirez le canard et posez-le sur un plat de service chaud et profond. Tenez-le au chaud. Mettez les poireaux dans la cocotte, augmentez le feu et portez à ébullition ; laissez jusqu'à ce que le liquide ait réduit de moitié.
Présentation : nappez le canard de sauce et disposez les poireaux tout autour. Le canard doit être suffisamment tendre pour qu'on puisse retirer sa chair avec des baguettes. Pour 4 à 6 personnes.

Canard à l'oignon et au poireau

Canard aux chrysanthèmes

Il s'agit d'un aspic de canard ; alors qu'en Chine, on utilise la peau du porc pour faire de la gelée, en Occident on peut utiliser de la gélatine, comme pour cette recette. En Chine on utilise souvent les chrysanthèmes dans la cuisine, surtout les jaunes.

1 canard de 1,5-2 kg
4 tranches de gingembre
2 oignons de taille moyenne
3 ciboules
230 g de jambon fumé
1 gros chrysanthème
1 cuillère à soupe de sel
90 cl de bouillon clair (page 25)
30 cl de vin blanc
1 petit paquet de gélatine
8 petits chrysanthèmes

Préparation : videz et lavez le canard. Coupez-le en 12 à 15 morceaux. Pelez et coupez en dés le gingembre. Coupez les oignons en deux, la ciboule en morceaux de 5 cm, et le jambon en lanières de même longueur. Séparez les pétales du grand chrysanthème.
Cuisson : mettez les morceaux de canard dans une cocotte à fond épais. Ajoutez-y le sel, le gingembre, les oignons. Versez-y le bouillon et la moitié du vin. Portez à ébullition. Mettez la cocotte dans un four préchauffé à 180°. Laissez cuire 1 1/2 heure, en remuant toutes les 30 minutes. Otez la cocotte du four et retirez les oignons et le gingembre. Versez le jus de cuisson dans une casserole et faites-y dissoudre la gélatine. Ajoutez le reste de vin. Passez le liquide afin d'obtenir un consommé clair. Disposez les morceaux de canard dans un plat à gratin transparent. Décorez avec la ciboule, le jambon et les pétales de chrysanthème. Versez dessus le liquide et mettez le plat au four 15 minutes. Retirez-le du four et laissez-le refroidir 1 heure, puis mettez-le 3 à 4 heures au réfrigérateur, jusqu'à ce que la gelée soit bien prise.
Présentation : démoulez au-dessus d'un plat de service et décorez avec les 8 petits chrysanthèmes. Vous pouvez aussi ajouter des fruits et des légumes tout autour. On accompagne aussi parfois ce plat de sauce crevette. Pour 4 à 6 personnes.

Canard au gingembre

450 g de chair de canard
5-6 tranches de gingembre
3 ciboules
1 pincée de sel
2 cuillères à soupe de sauce soja
1 cuillère à soupe de sauce hoisin
2 cuillères à soupe de shao hsin chiew ou de vin blanc
2 1/2 cuillères à soupe d'huile
1 cuillère à soupe de saindoux
1 cuillère à soupe de maïzena délayée dans 3 cuillères à soupe d'eau

Préparation : découpez la chair de canard en grandes lanières. Pelez et coupez le gingembre en fines lanières. Coupez les brins de ciboule en morceaux de 5 cm de long.

Mélangez le sel, la sauce soja, la sauce hoisin, le shao hsin chiew et le gingembre, puis ajoutez-y le canard. Mélangez bien jusqu'à ce qu'il soit nappé. Laissez 30 minutes.
Cuisson : faites chauffer l'huile à feu vif dans une poêle. Quand elle est chaude, faites-y revenir 2 minutes le canard et la marinade. Ajoutez le saindoux. Quand il est fondu, ajoutez-y la ciboule et la maïzena diluée. Tournez pendant 1 minute.
Présentation : servez sur un plat de service chaud. Pour 4 à 6 personnes.

Canard aux chrysanthèmes

Canard aux amandes

Canard aux amandes

450 g de chair de canard
2 tranches de gingembre
1/2 cuillère à café de sel
3 cuillères à soupe d'huile
2 ciboules
1 cuillère à café de maïzena
3 cuillères à soupe de bouillon
2 cuillères à soupe de shao hsin chiew ou de vin blanc
1/2 cuillère à café de sucre
2 1/2 cuillères à soupe de sauce soja
5 cuillères à soupe de petits pois
5 cuillères à soupe d'amandes grillées

Préparation : coupez la chair de canard en morceaux. Pelez et coupez en lanières le gingembre, puis mélangez-le avec le sel. Ajoutez un tiers de l'huile et faites-y mariner le canard 30 minutes. Coupez la ciboule en morceaux de 1 cm de long. Délayez la maïzena avec le bouillon et le shao hsin chiew.
Cuisson : faites chauffer le reste d'huile à feu vif dans une poêle. Faites-y revenir 1 1/2 minute le canard et la ciboule. Ajoutez le sucre, la sauce soja et faites revenir 1/2 minute, tout en tournant. Ajoutez les petits pois et les amandes, et faites encore revenir 1 minute tout en tournant. Ajoutez la maïzena délayée et remuez jusqu'à ce que la sauce épaississe. Laissez mijoter 1/2 minute.
Présentation : servez sur un plat de service chaud.

Le bœuf et le mouton

A Pékin, la viande de mouton est particulièrement appréciée, ainsi que dans le Nord, alors que dans le Sud on en consomme très peu. Le bœuf et le mouton sont des viandes de régions frontalières — la Mandchourie, la Mongolie et le Sin-Kiang — où la vie nomade est très développée et où l'on trouve d'immenses troupeaux de bovins et d'ovins. En Chine, on prépare souvent le bœuf et le mouton de la même façon, de sorte que de très nombreuses recettes de ce chapitre peuvent être préparées avec l'un ou l'autre. La seule différence, si elle existe, est que vous utiliserez l'ail comme condiment pour le mouton ou l'agneau, et le gingembre pour le bœuf. Les morceaux de bœuf demandent un temps de cuisson plus long que le mouton.

Bœuf rouge aux brocolis

450 g de jarret de bœuf
700 g de poitrine de bœuf
4-5 tranches de gingembre
1/2 cuillère à café de sel
1/4 cuillère à café de grains de poivre
3 cuillères à soupe de sauce soja
60 cl d'eau
30 cl de vin blanc
1 bouillon cube au poulet
450 g de brocolis

Préparation : découpez le bœuf en cubes. Faites-les blanchir 2 minutes à l'eau bouillante, puis égouttez-les. Pelez et coupez fin le gingembre.
Cuisson : mettez les cubes de bœuf dans une cocotte à fond épais. Ajoutez le gingembre, le sel, le poivre, la sauce soja et l'eau. Portez à ébullition. Mettez la cocotte dans un four préchauffé à 180°. Laissez cuire 2 heures en remuant de temps à autre. Ajoutez le vin et le bouillon cube émietté. Remettez au four encore 1 heure. Ajoutez les brocolis et laissez cuire encore 10 minutes.
Présentation : disposez les brocolis sur un plat de service chaud et posez la viande dessus. Le jus de cuisson est une sorte de bouillon clair qui accompagnera parfaitement un plat de riz. Ce plat se réchauffe très bien. Pour 4 à 6 personnes.

Mouton rouge

Suivez la recette précédente, en remplaçant le bœuf par 1-1,25 kg de mouton. Ajoutez 4 à 6 gousses d'ail écrasées au cours de la dernière heure de cuisson.

Bœuf rouge aux brocolis

Queue de bœuf rouge

2-2,5 kg de queue de bœuf
3-4 tranches de gingembre
90 cl d'eau
30 cl de vin rouge
1/2 cuillère à café de sel
5 cuillères à soupe de sauce soja
1 cuillère à café de sucre
2 cuillères à soupe de concentré de tomates

Préparation : coupez la queue de bœuf en morceaux de 7 cm (ou demandez à votre boucher de les couper). Pelez et coupez fin le gingembre.
Cuisson : nettoyez soigneusement les morceaux de queue de bœuf, puis mettez-les dans une cocotte à fond épais. Ajoutez tous les autres ingrédients. Portez à ébullition. Mettez la cocotte dans un four préchauffé à 180°. Laissez cuire 4 heures, en remuant toutes les heures.
Présentation : apportez la cocotte sur la table. La sauce très riche de ce plat accompagnera très bien un plat de riz. Après le long temps de cuisson, la viande se détachera aisément des os à l'aide de baguettes. Vous pouvez facilement réchauffer ce plat. Pour 4 à 6 personnes.

Mouton mijoté et frit

4 ciboules
1/4 de concombre, de taille moyenne
3 tranches de gingembre
700-900 g de gigot (en un seul morceau)
Huile pour la friture

Sauce
1 1/2 cuillère à soupe de sauce soja
1 1/2 cuillère à soupe de sauce soja noire
1 1/2 cuillère à soupe de sauce hoisin
1 1/2 cuillère à soupe de shao hsin chiew ou de vin blanc
1 cuillère à café de sucre

Préparation : coupez la ciboule en morceaux de 4 cm de long. Coupez le concombre en lanières de la même longueur. Pelez et coupez fin le gingembre. Mélangez bien tous les ingrédients de la sauce.
Cuisson : mettez le mouton dans une cocotte à fond épais et couvrez-le d'eau. Portez à ébullition en écumant régulièrement. Mettez la cocotte dans un four préchauffé à 180°. Laissez cuire 2 1/2 heures en remuant de temps à autre. Retirez le mouton et conservez le jus de cuisson pour un autre plat. Faites chauffer l'huile dans une poêle profonde. Quand elle est chaude, faites-y revenir doucement le mouton 8 à 9 minutes. Égouttez-le sur du papier absorbant.
Présentation : coupez le mouton, quand il est encore chaud, en tranches de 1 cm d'épaisseur, servez entre deux tranches de crêpe réchauffées, avec le concombre, le gingembre, la ciboule et la sauce.

Rognons de mouton au céleri et aux haricots verts (en haut)
Mouton mijoté et frit (à droite)

Rognons de mouton au céleri et aux haricots verts

3-4 rognons de mouton
1 cuillère à soupe de sauce hoisin
1 cuillère à soupe de vinaigre
3 cuillères à soupe d'huile
1/2 cuillère à café de sucre
1/2 bouillon cube au poulet
6 cuillères à soupe de bouillon clair (page 25)
1 1/2 cuillère à soupe de sauce soja
100 g de haricots verts
2-3 branches de céleri
1 cuillère à soupe de beurre

Préparation : ôtez la pellicule qui entoure les rognons et le gras. Coupez chaque rognon en trois lanières et faites des incisions sur chacune. Mélangez la sauce hoisin, la sauce soja, le vinaigre, le sucre et un tiers de l'huile. Faites mariner les rognons dans la sauce 30 minutes. Faites dissoudre le bouillon cube dans le bouillon. Coupez les extrémités des haricots verts. Coupez les branches de céleri et les haricots verts en morceaux de la même longueur.

Cuisson : versez le bouillon dans une casserole. Ajoutez le céleri, les haricots verts et le beurre. Laissez revenir 5 minutes, tout en tournant à feu doux. Faites chauffer le reste d'huile à feu vif dans une poêle. Quand elle est chaude, faites-y revenir 1 minute les rognons et la marinade, tout en tournant. Poussez les rognons sur un bord de la poêle et mettez les légumes au centre. Quand cela commence à bouillir, faites revenir 1/2 minute, tout en tournant.

Présentation : versez le contenu de la poêle sur un plat de service chaud. Quand vous effectuez la cuisson, veillez à ce que les rognons aient un aspect croustillant, ce qui leur permet de garder leur saveur incomparable.

Bœuf au céleri et au chou

500 g de rumsteack
2 tranches de gingembre
1/2 cuillère à café de sucre
3 cuillères à soupe de sauce soja
4 cuillères à soupe d'huile
2 branches de céleri
130-150 g de chou blanc ou de chou chinois
1 cuillère à café de maïzena
2 cuillères à soupe de bouillon ou d'eau
2 cuillères à soupe de shao hsin chiew ou de vin blanc

Préparation : coupez le rumsteack en tranches de 5 × 2 cm. Pelez et coupez le gingembre en lanières. Mélangez le gingembre, le sucre, 2 cuillères à soupe de la sauce soja et un quart de l'huile. Passez-y les tranches de viande et laissez-les 10 minutes. Coupez le céleri et le chou en morceaux de 2,5 cm de long. Délayez la maïzena avec le bouillon et le shao hsin chiew.
Cuisson : faites chauffer à feu vif le reste d'huile dans une grande poêle. Quand elle est chaude, faites-y revenir 2 1/2 minutes le bœuf, le céleri et le chou, tout en tournant. Ajoutez le reste de sauce soja, la maïzena délayée et faites revenir 1 minute, tout en tournant ; la sauce doit épaissir.
Présentation : servez sur un plat de service chaud.

Bœuf aux poivrons

580-700 g de rumsteack
1 cuillère à soupe de sauce soja
1 cuillère à soupe de sauce soja noire
1 cuillère à soupe de sauce hoisin (facultatif)
1 cuillère à soupe de concentré de tomates
1 1/2 cuillère à soupe de maïzena
4 1/2 cuillères à soupe d'huile
1 cuillère à café de sucre
1 cuillère à café de haricots noirs salés
2-3 tranches de gingembre
1 poivron rouge de taille moyenne
1 poivron vert de taille moyenne
3 cuillères à soupe de shao hsin chiew ou de vin blanc

Préparation : coupez le bœuf en tranches de 4 × 2,5 cm. Mélangez la sauce soja, la sauce soja noire, la sauce hoisin, le concentré de tomates, la maïzena, 1 cuillère à soupe d'huile et le sucre. Passez-y les morceaux de bœuf. Laissez 15 minutes. Faites tremper 15 minutes les haricots noirs. Pelez et coupez le gingembre en lanières. Épépinez les poivrons et ôtez les parties blanches, puis coupez-les en tranches de 1,5 cm, puis en morceaux de 4 cm.
Cuisson : faites chauffer à feu vif le reste d'huile dans une poêle. Quand elle est chaude, faites-y revenir 1/2 minute le gingembre et les haricots noirs. Ajoutez le bœuf et faites revenir 2 minutes tout en tournant.
Ajoutez les poivrons et versez le shao hsin chiew. Faites encore revenir 1 minute tout en tournant.
Présentation : servez sur un plat de service chaud.

Bœuf au vermicelle de soja, au chou, aux champignons et à la ciboule

450 g de bœuf à braiser
5-6 champignons parfumés de taille moyenne
130 g de vermicelle de soja
2 carottes de taille moyenne
230 g de chou chinois
2-3 ciboules
1/2 cuillère à café de sel
1/4 de cuillère à café de poivre en grains
3 cuillères à soupe de sauce soja
60 cl d'eau
30 cl de vin blanc
1 bouillon cube au poulet
Sel et poivre

Préparation : coupez le bœuf en cubes. Faites-les blanchir 2 minutes à l'eau bouillante, puis égouttez-les. Faites tremper 30 minutes les champignons dans 30 cl d'eau. Équeutez-les et coupez les têtes en quartiers. Faites tremper le vermicelle dans de l'eau chaude, puis égouttez-le. Coupez en lanières les carottes et le chou. Coupez la ciboule en morceaux de 2,5 cm de long.
Cuisson : mettez les cubes de bœuf dans une cocotte à fond épais. Ajoutez-y le sel, les grains de poivre, la sauce soja et l'eau. Portez à ébullition. Mettez la cocotte dans un four préchauffé à 180°. Laissez cuire 1 heure, en remuant deux fois. Ajoutez le vermicelle, les champignons et les légumes. Remettez au four et laissez cuire encore 1 heure, en remuant deux fois. Ajoutez le vin, le bouillon cube émietté et laissez cuire encore 50 minutes. Ajoutez la ciboule, rectifiez l'assaisonnement et laissez cuire encore 10 minutes.
Présentation : apportez la cocotte sur la table.

Bœuf au céleri et au chou

Agneau au vermicelle de soja et à la ciboule

230 g de viande maigre d'agneau
4-5 ciboules
1 œuf
1 cuillère à soupe de maïzena
130 g de vermicelle de soja
1 bouillon cube au poulet
30 cl de bouillon
3 cuillères à soupe d'huile
2 cuillères à soupe de sauce soja
1 cuillère à café d'huile de sésame
2 cuillères à soupe de shao hsin chiew ou de vin blanc

Préparation : coupez l'agneau en fines lanières. Coupez la ciboule en morceaux de 5 cm de long. Battez l'œuf légèrement, puis mélangez-le avec la maïzena et 1 1/2 cuillère à soupe d'eau ; cela doit former une pâte. Ajoutez-y les morceaux d'agneau. Faites tremper le vermicelle 5 minutes dans de l'eau chaude. Faites fondre le bouillon cube dans le bouillon.
Cuisson : faites chauffer l'huile à feu vif dans une grande poêle. Étalez les morceaux d'agneau sur le fond de la poêle. Faites revenir, tout en tournant, 1 minute. Versez la sauce soja et les morceaux de ciboule et faites revenir 1 minute tout en tournant. Ajoutez le bouillon, le vermicelle, portez à ébullition et tournez jusqu'à ce que le tout soit bien mélangé. Baissez le feu et laissez mijoter 5 minutes. Versez l'huile de sésame et le shao hsin chiew. Laissez mijoter encore 1 minute.
Présentation : servez dans un plat de service creux, chaud. Pour 4 personnes.

Agneau au vermicelle de soja et à la ciboule (ci-dessus)
Boulettes de viande au chou et au céleri (à droite)

Agneau à la ciboule

450-700 g de gigot d'agneau
1/2 cuillère à café de sel
Poivre
2 cuillères à café de sauce soja
4 cuillères à soupe d'huile
4 gousses d'ail
5-6 ciboules
2 cuillères à soupe de shao hsin chiew
1 cuillère à café de maïzena

Préparation : coupez l'agneau en tranches de 4 × 2,5 cm. Mélangez le sel, le poivre, la sauce soja, la maïzena et un quart de l'huile, et malaxez-y les morceaux d'agneau. Écrasez les gousses d'ail et coupez la ciboule en morceaux de 2,5 cm de long.
Cuisson : faites chauffer à feu vif le reste d'huile dans une poêle. Quand elle est chaude, ajoutez l'ail, faites-le revenir et tournez-le une fois. Ajoutez l'agneau et faites-le revenir 2 minutes, tout en tournant. Ajoutez la ciboule et le shao hsin chiew. Faites revenir 1 minute tout en tournant.
Présentation : servez sur un plat de service chaud.

Bœuf à la ciboule

Suivez la recette précédente en remplaçant l'agneau par du bœuf (filet ou rumsteack). Remplacez l'ail par 4 à 5 tranches de gingembre pelées et coupées en lanières (si vous ajoutez 2 cuillères à soupe de sauce d'huîtres — ou six huîtres fraîches — avec le shao hsin shiew, et si vous faites revenir 1/2 minute de plus, vous aurez préparé une recette de bœuf à la sauce d'huîtres ou de bœuf aux huîtres, qui sont deux plats très populaires en Chine du Sud-Est).

Boulettes de viande au chou et au céleri

2-3 châtaignes d'eau (facultatif)
350-450 g de bœuf haché
1 pincée de sel
1 1/2 cuillère à soupe de sauce soja
1 cuillère à soupe de concentré de tomates
2 cuillères à soupe de maïzena
1 œuf
5 cuillères à soupe d'huile
1 chou de taille moyenne
2 branches de céleri
1/2 bouillon cube au poulet
15 cl de bouillon clair (page 25)

Préparation : coupez en lanières les châtaignes d'eau. Ajoutez-les à la viande hachée ainsi que le sel, la sauce soja, le concentré de tomates, la moitié de la maïzena et l'œuf. Formez avec ce mélange 10 à 12 petites boules. Saupoudrez-les du reste de maïzena, puis passez-les dans 1 cuillère à soupe d'huile. Coupez le chou en tranches de 2,5 cm. Coupez le céleri en morceaux de 2,5 cm de long. Faites dissoudre le bouillon cube dans le bouillon clair.
Cuisson : faites chauffer à feu doux le reste d'huile dans une poêle. Quand elle est chaude, faites-y dorer 7 à 8 minutes les boulettes. Retirez-les de la poêle. Ajoutez le chou, le céleri et le bouillon. Portez à ébullition en tournant le chou et le céleri dans le bouillon pendant 2 à 3 minutes. Mettez le chou, le céleri et le bouillon dans une cocotte à fond épais. Posez dessus les boulettes et laissez la cocotte 45 minutes dans un four préchauffé à 180°.
Présentation : apportez la cocotte sur la table au moment de servir.

Gigot d'agneau épicé

1 gigot d'agneau de 2-2,5 kg

Sauce
6 gousses d'ail
6 tranches de gingembre
2 oignons de taille moyenne
1 l de bouillon
5 cuillères à soupe de sauce soja
3 cuillères à soupe de sauce hoisin
1 cuillère à café de chili en poudre ou en sauce
1 pincée de cinq-parfums
2 cuillères à soupe de sucre
30 cl de vin rouge
1 bouillon cube au poulet

Préparation : écrasez l'ail, pelez et coupez en lanières le gingembre. Coupez les oignons en tranches fines. Mélangez tous les ingrédients composant la sauce. Versez-la dans une casserole et faites-la mijoter doucement 45 minutes.
Cuisson : mettez le gigot dans une cocotte à fond épais. Versez dessus la sauce. Portez à ébullition, puis laissez mijoter doucement 1 1/2 heure, en tournant la viande toutes les 30 minutes. Laissez refroidir dans la sauce. Laissez le gigot dans la sauce 3 heures après qu'il a refroidi (ou bien toute une nuit). Environ une heure avant de servir, mettez le gigot dans un plat à rôti et faites-le cuire 1 heure dans un four préchauffé à 180°.
Présentation : coupez le gigot en tranches et accompagnez-les de sauce hoisin, d'un mélange de sauce soja et de vinaigre. Vous pouvez aussi manger le gigot froid accompagné des mêmes sauces. Pour 8 à 10 personnes.

Foie d'agneau aux poireaux et à la ciboule (à droite)
Gigot d'agneau épicé (ci-dessous)

Foie d'agneau aux poireaux et à la ciboule

500 g de foie d'agneau
2 cuillères à soupe de sauce soja
1 1/2 cuillère à soupe de sauce hoisin
1/2 cuillère à café de sucre
1/2 cuillère à café de sauce chili
3 cuillères à soupe d'huile
2 poireaux de taille moyenne
3 ciboules
1 cuillère à soupe de maïzena
2 cuillères à soupe d'eau
2 cuillères à soupe de shao hsin chiew ou de vin blanc
1 cuillère à soupe de saindoux

Préparation : coupez le foie en lanières fines. Mélangez la moitié de la sauce soja, de la sauce hoisin, du sucre, de la sauce chili, un tiers de l'huile et passez le foie dans ce mélange. Laissez reposer 30 minutes. Nettoyez soigneusement les poireaux, puis coupez-les, ainsi que la ciboule, en morceaux de 2,5 cm de long. Délayez la maïzena avec l'eau et le shao hsin chiew.
Cuisson : faites chauffer à feu vif le reste de l'huile dans une grande poêle. Quand elle est chaude, faites revenir 1 minute les poireaux, tout en tournant. Poussez-les sur un côté de la poêle. Ajoutez le saindoux ; quand il est fondu, ajoutez le foie, la ciboule, le reste de marinade, et le reste de sauce soja, de sauce hoisin, de sucre et de sauce chili. Faites revenir 1 1/2 minute, tout en tournant. Ramenez les poireaux vers le centre de la poêle et mélangez-les avec les autres ingrédients. Versez la maïzena délayée et tournez jusqu'à ce que la sauce épaississe.
Présentation : servez sur un plat de service chaud. Pour 4 personnes.

Les œufs

Dans la cuisine chinoise, les œufs ont une importance primordiale. On les trouve sous différents aspects : salés (ils servent de condiment), les œufs de mille ans (œufs qui ont été mis crus dans de l'argile ; celle-ci assure leur conservation et les colore), œufs conservés dans une marinade de thé ou braisés dans de la sauce soja. Leur préparation varie à l'infini. On les fait très souvent revenir, car c'est la façon la plus rapide de les cuisiner. Bien qu'ils se ressemblent, un plat d'œufs revenus à la chinoise n'est pas exactement semblable à une omelette occidentale, car dans celle-ci les ingrédients sont enveloppés dans l'omelette, alors que dans la préparation chinoise on mélange et tourne en même temps les œufs et les autres ingrédients, juste avant que la surface de l'œuf ne commence à prendre. Très souvent on y ajoute de la ciboule et un trait de vin jaune, ce qui donne un arôme particulier.

Œufs frits au jambon ou au lard

4-5 œufs
1 pincée de sel
1-2 tranches de jambon ou 2-3 tranches de lard
Poivre
3-4 ciboules
2 cuillères à soupe d'huile
2 cuillères à soupe de saindoux ou de beurre
1 cuillère à soupe de shao hsin chiew ou de vin blanc

Préparation : cassez les œufs au-dessus d'une jatte. Salez-les, poivrez-les et battez-les. Coupez le jambon ou le lard en fines lanières. Coupez la ciboule en fines rondelles.
Cuisson : faites chauffer l'huile et la graisse à feu doux dans une poêle de taille moyenne. Quand la graisse est fondue, ajoutez-y le jambon et la moitié de la ciboule. Étalez bien le tout sur le fond de la poêle. Versez dessus les œufs et tournez la poêle afin qu'ils se répartissent bien. Laissez cuire, sans remuer, 1 minute. Retirez du feu et laissez jusqu'à ce que les œufs commencent à prendre. Puis remuez doucement. Reportez sur le feu. Versez le shao hsin chiew et ajoutez le reste de ciboule. Laissez cuire jusqu'à ce que la préparation grésille.
Présentation : servez sur un plat de service chaud accompagné d'une sauce soja de très bonne qualité. Ce plat très simple est délicieux, accompagné de riz.

Œufs frits aux crevettes ou au crabe

Suivez la recette précédente, en remplaçant le jambon et la ciboule par 5 à 6 cuillères à soupe de crevettes ou de chair de crabe et 3 gousses d'ail écrasées.

Œufs mélangés

2 œufs de poule
1/2 cuillère à café de sel
30 cl de bouillon clair
2 œufs salés
4-5 œufs de caille (facultatif)
1 1/4 cuillère à soupe de jambon fumé
1 1/4 cuillère à soupe de ciboule
2 œufs conservés dans la sauce soja noire avec un peu de cinq-parfums

Préparation : cassez les œufs de poule au-dessus d'une jatte et battez-les. Mélangez-les avec le sel et le bouillon. Écalez les œufs salés et ceux conservés dans la sauce soja et coupez-les en 6 à 8 morceaux. Coupez le jambon et la ciboule en lanières.
Cuisson : répartissez les morceaux d'œufs salés et conservés dans la sauce soja tout autour d'un plat à four rond ou carré. Versez le mélange œuf-bouillon au centre. Posez les œufs de caille dans ce mélange. Mettez le plat dans une marmite à vapeur et faites cuire à la vapeur 10 à 12 minutes (ou bien posez le plat sur un bol retourné dans une grande casserole contenant 2,5 cm d'eau, portez l'eau à ébullition, couvrez et laissez cuire 10 à 12 minutes). Saupoudrez le sommet des œufs de caille avec le jambon et les œufs cuits avec la ciboule. Faites cuire à nouveau dans la marmite à vapeur 3 à 4 minutes supplémentaires.
Présentation : retirez le plat de la marmite et mettez-le à table. Le mélange de diverses sortes d'œufs apporte à ce plat un goût qui vous intriguera.

Œufs marbrés

5-6 œufs
2 cuillères à soupe de thé fumé
2 cuillères à soupe de sauce soja

Préparation et cuisson : faites cuire les œufs durs 10 à 12 minutes. Faites légèrement craquer leurs coquilles, mais ne les écalez pas. Faites bouillir les feuilles de thé dans 60 cl d'eau pendant 5 à 6 minutes ; vous devez obtenir un liquide foncé. Ajoutez la sauce soja. Plongez-y les œufs et laissez-les 1 heure, jusqu'à ce qu'ils soient complètement refroidis.
Présentation : écalez-les. Vous constaterez que le liquide a pénétré sous la coquille et formé une marbrure sur les blancs. Comptez un œuf par personne.

Dans le sens des aiguilles d'une montre, à partir du haut : œufs de caille, coquilles d'œufs peintes, œufs marbrés, œufs braisés au soja, œufs salés et œufs de mille ans.

Pâte de soja aux jaunes d'œufs

2 cubes de pâte de soja
2-3 jaunes d'œufs ou œufs
1 cuillère à café de sel
1/2 bouillon cube au poulet
15 cl de bouillon clair (page 25)
1 cuillère à soupe de maïzena
2-3 cuillères à soupe de jambon
3 cuillères à soupe de hseuh tsai (laitue salée) ou de cornichons
3 cuillères à soupe d'huile
2 cuillères à soupe de saindoux ou de beurre
3 cuillères à soupe de petits pois (écossés)

Préparation : écrasez les cubes de soja. Cassez les jaunes d'œufs ou les œufs au-dessus d'une jatte. Saupoudrez dessus le sel et le cube de soja écrasé. Battez jusqu'à ce que cela soit bien mélangé. Faites fondre le bouillon cube dans le bouillon. Ajoutez la maïzena. Mélangez avec les œufs. Hachez le jambon et le hseuh tsai.
Cuisson : faites chauffer l'huile et la graisse dans une casserole à feu doux. Quand la graisse est fondue, ajoutez-y le mélange œufs-bouillon. Quand le centre commence à être mousseux, versez dans une jatte chaude. Saupoudrez dessus le jambon, le hseuh tsai et les petits pois. Mettez la jatte dans une marmite à vapeur et faites cuire 5 à 6 minutes (ou bien mettez la jatte au bain-marie dans une casserole contenant 2,5 cm d'eau bouillante, couvrez et laissez cuire 5 à 6 minutes).
Présentation : quand c'est cuit, servez dans la jatte.

Mu-shu rou (Porc aux champignons)

2-3 œufs
1/2 cuillère à café de sel
5-6 champignons parfumés de taille moyenne
2-3 cuillères à soupe de champignons noirs (facultatif)
3 poireaux
230 g de porc maigre
4 cuillères à soupe d'huile
2 cuillères à soupe de shao hsin chiew ou de vin blanc
1 1/2 cuillère à soupe de sauce soja

Œufs mélangés (page 62)

Préparation : cassez les œufs au-dessus d'une jatte. Salez-les et battez-les. Faites tremper les champignons parfumés 30 minutes dans 30 cl d'eau. Équeutez-les et coupez les têtes en quartiers. Faites tremper les champignons noirs 30 minutes dans l'eau. Égouttez-les soigneusement. Nettoyez soigneusement les poireaux, puis coupez-les en morceaux de 4 cm de long. Coupez le porc en tranches de 4 cm.
Cuisson : faites chauffer l'huile à feu vif dans une grande poêle. Quand elle est chaude, ajoutez-y le porc, salez, faites revenir 1 minute tout en tournant. Poussez-le vers le bord de la poêle. Ajoutez les champignons parfumés, les poireaux et les champignons noirs. Faites revenir 1 minute tout en tournant. Poussez-les vers un autre bord de la poêle. Versez les œufs au centre de celle-ci. Retirez du feu et laissez jusqu'à ce que les œufs commencent à prendre. Mélangez tous les ingrédients de la poêle, puis remettez sur le feu et versez le shao hsin chiew. Laissez cuire encore 1/2 minute. Versez la sauce soja.
Présentation : servez sur un plat chaud. Cette spécialité pékinoise est délicieuse accompagnée de riz. On la sert parfois enveloppée dans des crêpes.

Œufs à la vapeur

1 bouillon cube au poulet
60 cl de bouillon clair (page 25)
2 œufs
1 cuillère à soupe de ciboule
2 cuillères à soupe de jambon fumé
1 1/2 cuillère à soupe de sauce soja

Préparation : faites fondre le bouillon cube dans le bouillon. Laissez refroidir complètement. Cassez les œufs audessus d'une jatte et battez-les. Incorporez-les au bouillon. Coupez la ciboule et le jambon en lanières.
Cuisson : mettez le mélange œufs-bouillon dans un bol supportant la chaleur. Mettez-le dans une marmite à vapeur et faites cuire 14 à 15 minutes (ou bien mettez le bol dans une grande casserole contenant 2,5 cm d'eau, portez à ébullition, couvrez et laissez cuire 14 à 15 minutes). Saupoudrez la surface (qui doit s'être solidifiée) avec le jambon et la ciboule, puis faites cuire encore de la même façon 5 minutes. Saupoudrez de sauce soja.
Présentation : retirez le bol de la marmite à vapeur et servez aussitôt.

Mu-shu rou (Porc aux champignons)

Les fruits de mer

Ils sont extrêmement appréciés en Chine, car leur cuisson est rapide et une grande partie d'entre eux (crevettes, palourdes, coquilles Saint-Jacques et huîtres) peuvent se mélanger avec un nombre très varié d'ingrédients. Les gros crustacés, comme le homard et le crabe, peuvent aussi être cuits rapidement — soit entiers, soit coupés fin dans leur carapace.

Homard à la vapeur I

On fait cuire habituellement les homards de la même façon que le crabe, mais souvent on les fait cuire à la vapeur et on les mange accompagnés de sauces froides.

3 gousses d'ail
1 homard cuit de 1-1,5 kg
1 cuillère à café de sel
1 pincée de glutamate (facultatif)
1 cuillère à soupe de shao hsin chiew ou de vin blanc
1 cuillère à soupe d'huile
2 oignons

Sauce
4-5 tranches de gingembre
4 ciboules
1 cuillère à soupe de sucre
4 cuillères à soupe de sauce soja
4 cuillères à soupe de vinaigre de vin
2 cuillères à soupe de shao hsin chiew ou de vin blanc

Préparation : écrasez l'ail. Coupez le homard en deux. Otez les parties noires et spongieuses. Laissez le corail. Coupez chaque moitié en trois ou quatre portions. Mélangez le sel, le glutamate, l'ail, le shao hsin chiew et l'huile. Passez-y les morceaux de homard. Laissez-les 30 minutes. Coupez les oignons en tranches fines. Pelez et coupez le gingembre en lanières. Coupez la ciboule en morceaux de 2,5 cm de long. Mélangez tous les ingrédients de la sauce. Versez le mélange obtenu dans deux petits bols.
Cuisson : disposez les tranches d'oignons sur le fond d'un plat à four. Posez dessus les morceaux de homard. Mettez le plat dans une marmite à vapeur (ou bien posez-le sur un bol retourné dans une grande cocotte contenant 2,5 cm d'eau, portez à ébullition, fermez et laissez cuire 5 à 6 minutes).
Présentation : posez les deux bols contenant la sauce autour du plat contenant le homard. Dans ce plat, la sauce n'est pas cuite avec le crustacé, de sorte que chaque convive prend la quantité qui lui convient.

Homard à la vapeur II

1 homard cuit de 1-1,5 kg

Sauce
3 gousses d'ail
2 tranches de gingembre
2 ciboules
1 1/2 cuillère à soupe de sauce soja
1 1/2 cuillère à soupe de sauce hoisin
1 cuillère à soupe d'huile
1/2 cuillère à café de sauce chili
1 cuillère à soupe de shao hsin chiew ou de vin blanc

Préparation : préparez le homard de la même façon que dans la recette précédente. Écrasez l'ail, pelez et coupez le gingembre en lanières. Coupez fin la ciboule. Mélangez tous les ingrédients de la sauce. Disposez les morceaux de homard dans un plat à four, la carapace sur le fond du plat. Versez un peu de sauce sur chaque morceau.
Cuisson : mettez le plat dans une marmite à vapeur et faites cuire vivement 10 minutes (ou bien posez le plat sur un bol retourné dans une grande cocotte contenant 2,5 cm d'eau, portez à ébullition, couvrez et faites cuire 10 minutes).
Présentation : disposez les morceaux de homard sur un plat de service chaud et décorez avec des branches de cresson et de persil.

Crabe aux haricots noirs salés (Tao Hsi) et au gingembre

2-3 crabes de taille moyenne
4-5 tranches de gingembre
1 cuillère à café de sel
2 oignons de taille moyenne
1 cuillère à soupe de haricots noirs salés (Tao Hsi)
1 cuillère à soupe de sauce soja
1 cuillère à soupe de sauce chili
2 cuillères à soupe de shao hsin chiew ou de vin blanc
5 cuillères à soupe de bouillon clair (page 25)
5 cuillères à soupe d'huile

Préparation : ouvrez les crabes en introduisant la pointe d'un couteau entre la carapace et le plastron (partie du dessous). Retirez les parties spongieuses. Coupez la chair de crabe en quatre. Détachez les pinces. Pelez et coupez le gingembre en lanières. Passez les morceaux de crabe dans le sel et le gingembre. Coupez les oignons en tranches fines. Faites tremper les haricots noirs 30 minutes dans l'eau, puis égouttez-les. Mélangez la sauce soja, la sauce chili, le bouillon et le shao hsin chiew.
Cuisson : faites chauffer l'huile à feu vif dans une grande poêle. Quand elle est chaude, faites-y revenir 1/2 minute les oignons et les haricots, tout en tournant. Ajoutez les morceaux de crabe et faites-les revenir 3 à 4 minutes tout en tournant, jusqu'à ce qu'ils soient cuits. Versez la sauce et faites encore revenir 1 1/2 minute tout en tournant.
Présentation : servez sur un plat de service chaud. Le mélange de la chair de crabe et de la sauce a une saveur extraordinaire.

Crabe à la sauce aux œufs

Reprenez la recette précédente en utilisant 4 gousses d'ail avec les haricots noirs salés et en ajoutant 3 à 4 brins de ciboule, juste avant d'ajouter la sauce. Doublez la quantité de bouillon et de sauce soja, ajoutez un œuf en mince filet sur les morceaux de crabe, au moment où la sauce commence à bouillir et à monter.

Crabe à la sauce aux œufs

Crevettes frites (Beignets de crevettes)

12-15 grosses crevettes
1 cuillère à soupe de sel

Pâte
230 g de farine
30 cl d'eau
1/2 cuillère à café de sel
1 cuillère à café de baking powder (levure chimique)
Huile pour friture

Préparation : décortiquez les crevettes en conservant la queue. Ouvrez-les en les incisant le long du dos, pour leur donner la forme d'un papillon. Passez-les dans le sel. Laissez-les 30 minutes. Rincez-les rapidement sous l'eau froide, puis égouttez-les sur du papier absorbant. Mélangez tous les ingrédients de la pâte, jusqu'à ce qu'elle soit homogène.
Cuisson : faites chauffer l'huile à friture. Passez les crevettes une à une dans la pâte, puis plongez-les dans l'huile. Laissez-les frire 2 à 3 minutes ; elles doivent être croustillantes et dorées. Égouttez-les sur du papier absorbant.
Présentation : disposez les crevettes sur un plat de service chaud. Mangez-les chaudes en les trempant dans de la sauce hoisin et/ou de la sauce soja mélangées, de la sauce chili, de la sauce tomate.

Crevettes frites (ci-dessus) Poisson doré (à droite)

Crevettes frites au poulet et aux champignons

1 blanc de poulet pesant environ 130 g
1/4 de concombre
1 cuillère à soupe de sel
180 g de crevettes décortiquées
2 tranches de gingembre
2 ciboules
2 cuillères à soupe de maïzena
3 cuillères à soupe d'huile
2 cuillères à soupe de saindoux ou de beurre
130 g de petits champignons de Paris
1 1/2 cuillère à soupe de sauce soja
1 1/2 cuillère à soupe de shao hsin chiew ou de vin blanc
1 cuillère à café de sucre

Préparation : coupez le poulet et le concombre en cubes. Faites dissoudre le sel dans 45 cl d'eau. Faites-y tremper les crevettes 30 minutes. Égouttez-les. Pelez et hachez le gingembre. Coupez fin la ciboule. Passez les crevettes et le poulet dans la maïzena et dans un tiers de l'huile.
Cuisson : faites chauffer le reste d'huile et la graisse à feu vif dans une grande poêle. Quand la graisse est fondue, faites-y revenir 1/2 minute le poulet et le gingembre, tout en tournant. Ajoutez les crevettes et les champignons, faites-les revenir 1 1/2 minute tout en tournant. Ajoutez la sauce soja, le shao hsin chiew, le sucre, la ciboule et le concombre. Faites revenir encore 1 minute tout en tournant.
Présentation : servez sur un plat de service chaud.

Le poisson

Poisson doré

700 g de poissons de taille moyenne (plie, petite truite, etc.)
3-4 tranches de gingembre
1 cuillère à soupe de sel
1 1/2 cuillère à soupe de farine
Huile à friture

Préparation : videz et nettoyez soigneusement les poissons (vous pouvez demander à votre poissonnier de le faire). Pelez et coupez fin le gingembre, puis mélangez-le avec le sel. Passez ce mélange à l'intérieur et à l'extérieur des poissons et laissez-les ainsi 3 minutes. Passez-les dans la farine et laissez-les 30 minutes.
Cuisson : faites chauffer l'huile dans une friteuse. Mettez la moitié des poissons dans le panier à friture et plongez-le doucement dans l'huile chaude. Laissez frire 3 à 4 minutes. Les poissons doivent être croustillants et dorés. Faites-les égoutter sur du papier absorbant. Tenez-les au chaud pendant que vous faites frire les autres. Quand ils sont bien égouttés, replongez-les à nouveau dans l'huile et laissez-les frire 2 1/2 à 3 minutes.
Présentation : servez sur un plat de service chaud et accompagnez de riz. Pour 4 à 6 personnes.

Poisson mijoté

1 poisson entier de 500 g-1 kg (carpe, mulet, brème, truite, etc.)
1 cuillère à café de sel
3 champignons parfumés de taille moyenne
3 ciboules
2 tranches de lard
3 tranches de gingembre
45 cl de bouillon clair (page 25)
2 cuillères à soupe de vinaigre de vin
2 cuillères à soupe de shao hsin chiew ou de vin blanc
1/2 bouillon cube au poulet

Préparation : passez du sel à l'intérieur et à l'extérieur du poisson. Laissez-le ainsi 1 heure. Faites tremper les champignons parfumés 30 minutes, dans 30 cl d'eau. Équeutez-les et coupez les têtes en lanières. Coupez la ciboule en morceaux de 5 cm de long. Coupez le lard en lanières. Pelez et coupez le gingembre en lanières.
Cuisson : mettez le poisson dans un plat rectangulaire ou ovale. Versez dessus doucement le bouillon. Ajoutez le vinaigre, le shao hsin chiew et le bouillon cube émietté. Décorez le dessus du poisson avec le lard, le gingembre, la ciboule et les champignons. Couvrez et faites cuire 35 minutes dans un four préchauffé à 190°.
Présentation : apportez le plat de cuisson sur la table.

Poisson à la sauce soja

400-700 g de poisson (cabillaud, églefin, carpe, brème, etc.)
2 tranches de gingembre
1/2 cuillère à café de sel
1 cuillère à soupe de sauce soja
1 cuillère à soupe de sauce hoisin
1 1/2 cuillère à soupe de maïzena
1 1/2 cuillère à soupe d'huile

Sauce et garniture
3 ciboules
1 1/2 cuillère à soupe de saindoux
1 1/2 cuillère à soupe de sauce soja
1 1/2 cuillère à soupe de vinaigre de vin
1 1/2 cuillère à soupe de shao hsin chiew ou de vin blanc
1 cuillère à café de sucre

Préparation : coupez le poisson en 5 à 6 morceaux et mettez-les dans un plat. Pelez et hachez le gingembre. Mélangez le gingembre, le sel, la sauce soja, la sauce hoisin, la maïzena et l'huile ; passez-y les morceaux de poisson et laissez-les 30 minutes. Coupez la ciboule en morceaux de 4 cm de long.

Cuisson : mettez le plat dans un four préchauffé à 220° et laissez cuire 10 à 12 minutes. Retirez les morceaux de poisson que vous disposerez sur un plat de service chaud. Mettez le plat de cuisson sur un feu doux. Ajoutez-y le saindoux, la ciboule, la sauce soja, le vinaigre, le shao hsin chiew et le sucre. Portez à ébullition 1/2 minute, tout en remuant. Nappez les morceaux de poisson de cette sauce.
Présentation : apportez le plat de service à table.

Poisson à la vapeur

1 poisson entier de 750 g-1 kg (truite, brème, carpe, mulet, saumon, etc.)
1 cuillère à café de sel
1 1/2 cuillère à soupe d'huile
6 ciboules
6 tranches de gingembre
1 poivron rouge
2-3 pousses de bambou
2 petits piments frais ou secs (facultatif)
3 cuillères à soupe de saindoux
3 cuillères à soupe de sauce soja
3 cuillères à soupe de vinaigre de vin
1 cuillère à soupe de maïzena délayée dans 5 cuillères à soupe de bouillon clair (page 25)

Préparation : badigeonnez l'intérieur et l'extérieur du poisson avec le sel et l'huile, et laissez-le reposer 30 minutes. Coupez la ciboule en morceaux de 5 cm de long. Pelez et coupez le gingembre en lanières. Épépinez et ôtez les parties blanches du poivron, puis coupez-le en lanières. Coupez en lanières les pousses de bambou et les piments.
Cuisson : disposez le poisson dans un plat à four ovale et mettez-le à cuire dans une marmite à vapeur 15 minutes. Faites chauffer le saindoux dans une casserole à feu doux. Quand il est fondu, ajoutez tous les légumes, la sauce soja, le vinaigre et faites revenir 15 secondes tout en tournant. Ajoutez la maïzena délayée et tournez jusqu'à ce que cela épaississe.
Présentation : nappez le poisson avec le contenu de la casserole. Saupoudrez les piments dessus (facultatif). Le parfum prononcé de la garniture et de la sauce fera ressortir la fraîcheur du poisson.

Poisson en sauce aigre-douce

Effectuez la préparation comme dans la recette précédente. Ajoutez 1/2 cuillère à soupe de sucre, la même quantité de sauce tomate et 3 cuillères à soupe de jus d'orange à la sauce, au moment où vous ajoutez la sauce soja et le vinaigre. Vous pouvez aussi faire cuire le poisson 7 à 8 minutes dans de la friture, après l'avoir assaisonné ; il doit être croustillant. Vous préparerez la sauce comme dans la recette précédente et vous en napperez le poisson au moment de servir.

Poisson à la vapeur (à gauche)
Poisson en sauce aigre-douce (à droite)

Les légumes

On a toujours l'impression que les légumes chinois ont plus de goût que ceux de toutes les autres cuisines, parce que la plupart du temps ils sont cuits dans leur propre jus, soit revenus rapidement (avec une toute petite quantité d'huile), ou bien cuits dans un peu de bouillon clair, ou de jus de viande ou de sauce soja.

Chou en sauce aigre-douce

1 chou chinois
3 cuillères à soupe d'huile
1 cuillère à soupe de beurre
1/2 cuillère à café de sel

Sauce
1 1/2 cuillère à soupe de maïzena
5 cuillères à soupe d'eau
1 1/2 cuillère à soupe de sauce soja
2 1/2 cuillères à soupe de sucre
3 1/2 cuillères à soupe de vinaigre
3 1/2 cuillères à soupe de jus d'orange
2 1/2 cuillères à soupe de concentré de tomates
1 1/2 cuillère à soupe de shao hsin chiew ou de vin blanc

Préparation : nettoyez le chou, puis émincez-le en choucroute. Mélangez tous les ingrédients de la sauce jusqu'à ce qu'elle soit homogène.
Cuisson : faites chauffer l'huile et le beurre à feu vif dans une grande poêle. Quand l'huile est chaude, ajoutez-y le chou, saupoudrez de sel et faites revenir 2 minutes tout en tournant. Baissez le feu et laissez mijoter 5 à 6 minutes. Versez la sauce dans une petite casserole et faites-la mijoter 4 à 5 minutes, en remuant constamment, jusqu'à ce qu'elle épaississe et devienne translucide.
Présentation : disposez le chou sur un plat de service chaud ou dans une jatte, et versez la sauce dessus. Pour 4 à 6 personnes.

Légumes mélangés

2 tranches de gingembre
3 gousses d'ail
1 oignon de taille moyenne
1/2 poivron vert
1/2 poivron rouge
1/4 de concombre de taille moyenne
2 branches de céleri
2 ciboules
3-4 feuilles de laitue
1/4 de bouillon cube au poulet
2 cuillères à soupe de bouillon clair chaud (page 25)
3 1/2 cuillères à soupe d'huile
1 cuillère à café de sel
230 g de germes de soja
1 cuillère à café de sucre
2 cuillères à soupe de sauce soja
1 cuillère à soupe de jus de citron
1 cuillère à café d'huile de sésame

Préparation : pelez et coupez fin le gingembre, écrasez l'ail, coupez l'oignon en tranches fines, puis séparez-les en rondelles. Épépinez et ôtez les parties blanches des poivrons, puis coupez-les, ainsi que le concombre, en fines lamelles. Coupez les branches de céleri et la ciboule en morceaux de 4 cm de long coupés en diagonale. Coupez fin la laitue. Faites dissoudre le bouillon cube dans le bouillon.
Cuisson : faites chauffer l'huile dans une grande poêle à feu doux. Quand elle est chaude, faites-y revenir 1/2 minute l'oignon, le gingembre, l'ail et le sel. Ajoutez tous les autres légumes. Augmentez le feu et faites-les revenir et tournez-les jusqu'à ce qu'ils soient bien tous nappés d'huile. Versez le sucre, la sauce soja et le bouillon. Faites revenir 1 1/2 minute, tout en remuant. Versez le jus de citron, l'huile de sésame et mélangez bien.
Présentation : servez sur un plat de service chaud cette « salade chaude ».

Chou en sauce aigre-douce (ci-dessous)

Légumes mélangés (à droite)

Chou à la sauce soja

1 chou de taille moyenne
1/2 bouillon cube au poulet
5-6 cuillères à soupe d'eau chaude
2 cuillères à soupe de sauce soja
1 cuillère à café de sucre
Poivre
2 1/2 cuillères à soupe d'huile
1 1/2 cuillère à soupe de saindoux ou de beurre

Préparation : coupez le chou en tranches de 2,5 cm et retirez les parties dures. Faites dissoudre le bouillon cube dans l'eau chaude. Mélangez la sauce soja, le bouillon, le sucre et le poivre.
Cuisson : faites chauffer l'huile et la graisse dans une casserole à feu doux. Quand la graisse est fondue, ajoutez le chou et faites-le revenir et tourner jusqu'à ce qu'il soit bien nappé. Versez le mélange de sauce soja et tournez-le quelques minutes. Baissez le feu, couvrez et laissez mijoter 18 à 20 minutes, en remuant toutes les 5 minutes.
Présentation : servez sur un plat de service chaud. Le chou doit être tendre, mais encore croquant. Vous pouvez faire cuire de cette façon la plupart des légumes semi-fermes, selon le temps qui leur convient.

Chou-fleur fu-yung

Chou-fleur fu-yung

1 gros chou-fleur
1/2 bouillon cube au poulet
15 cl de bouillon clair chaud (page 25)

Fu-yung
3 blancs d'œufs
3-4 cuillères à soupe de blanc de poulet bien haché
1/2 cuillère à café de sel
Poivre
2 cuillères à soupe de lait
2 cuillères à soupe de maïzena
2 cuillères à soupe d'huile
2 cuillères à soupe de beurre

Préparation : coupez le chou-fleur en très petits bouquets. Battez ensemble les blancs d'œufs, le poulet haché, le sel, le poivre, le lait, la maïzena ; cela doit se tenir, mais ne pas être sec. Faites fondre le bouillon cube dans le bouillon.
Cuisson : faites chauffer le bouillon à feu doux dans une grande casserole. Ajoutez-y les bouquets de chou-fleur, remuez-les et tournez-les 3 à 4 minutes ; le liquide doit être presque complètement évaporé. Faites chauffer l'huile et le beurre à feu doux dans une grande poêle. Quand le beurre est fondu, ajoutez-y le mélange de blanc d'œuf. Faites-le tourner dans la graisse 1 minute. Ajoutez les bouquets de chou-fleur et augmentez le feu. Faites tourner le chou-fleur dans le mélange d'œuf 1 1/2 à 2 minutes, jusqu'à ce qu'il en soit bien nappé.
Présentation : servez sur un plat de service chaud. Vous pouvez aussi saupoudrer un peu de jambon haché ou du crabe émietté, au moment de servir.

Brocolis fu-yung

Faites comme dans la recette précédente, en remplaçant le chou-fleur par des brocolis.

Épinards frits

450 g d'épinards
3-4 gousses d'ail
3 cuillères à soupe d'huile
2 cuillères à soupe de beurre
1/2 cuillère à café de sel
1 cuillère à soupe de sauce soja

Haricots verts à la sauce à l'oignon et à l'ail

1/2 cuillère à café de sucre
1 cuillère à soupe de saindoux

Préparation : nettoyez et lavez soigneusement les épinards. Égouttez-les soigneusement. Écrasez l'ail.
Cuisson : faites chauffer l'huile et la graisse dans une casserole. Quand la graisse est fondue, ajoutez-y le sel et l'ail. Remuez et tournez quelques instants. Ajoutez les épinards, augmentez le feu. Tournez-les et remuez-les pendant 2 minutes ; chaque feuille doit être nappée. Ajoutez la sauce soja et le sucre. Faites revenir 1 minute tout en remuant. Ajoutez le saindoux et tournez le tout quelques instants.
Présentation : servez sur un plat de service chaud. Vous pouvez également remplacer la sauce soja par la sauce d'huîtres, vous obtiendrez un goût différent.

Haricots verts à la sauce à l'oignon et à l'ail

450 g de haricots verts
1/2 bouillon cube au poulet
15 cl de bouillon clair chaud (page 15)
4-6 gousses d'ail
2 ciboules
3 cuillères à soupe d'huile
1 1/2 cuillère à soupe de beurre
1/2 cuillère à café de sel
1 cuillère à soupe de sauce soja
1/2 cuillère à café de sucre
1 cuillère à soupe de shao hsin chiew ou de vin blanc

Préparation : coupez les extrémités des haricots verts. Faites fondre le bouillon cube dans le bouillon. Écrasez les gousses d'ail et coupez la ciboule en rondelles fines.
Cuisson : faites chauffer le bouillon dans une grande casserole. Ajoutez les haricots verts et laissez mijoter jusqu'à ce que le liquide soit presque complètement évaporé, en tournant constamment. Faites chauffer l'huile et la graisse à feu doux dans une grande poêle. Ajoutez-y l'ail, le sel et la ciboule et remuez 1/2 minute. Ajoutez les haricots verts et tournez-les jusqu'à ce qu'ils soient bien nappés. Versez la sauce soja, le sucre et le shao hsin chiew. Faites revenir 1 minute tout en tournant.
Présentation : servez sur un plat de service chaud. Ce plat accompagne bien du riz et de la viande.

Les desserts

Poires au miel

4 poires de taille moyenne
4 cuillères à soupe de sucre
4 cuillères à soupe de miel liquide
2 cuillères à soupe de liqueur sucrée (mei kui lu, cherry brandy ou crème de menthe)

Préparation : pelez les poires en leur laissant la queue et 1 cm de peau environ autour de celle-ci, pour pouvoir les prendre plus facilement.
Cuisson : posez les poires debout dans une casserole et recouvrez-les d'eau. Portez doucement à ébullition, puis laissez mijoter 30 minutes. Enlevez la moitié de l'eau. Saupoudrez les poires de sucre et laissez mijoter encore 10 minutes. Retirez-les de la casserole et mettez-les à glacer 2 heures au réfrigérateur. Pendant ce temps, retirez encore la moitié de l'eau dans la casserole. Ajoutez le miel et la liqueur. Quand vous obtenez un mélange homogène, mettez-le 2 heures au réfrigérateur.
Présentation : disposez les poires dans des plats individuels. Nappez-les du mélange au miel et servez-les. Ce plat est délicieux en plein été ou bien il vous rafraîchira après une série de plats chauds. Il faut compter une poire par personne.

Gâteau de riz aux huit trésors

700 g de riz gluant
4-5 cuillères à soupe de saindoux
8 cuillères à soupe de fruits confits (lichees, dattes, raisins, gingembre, prunes, cerises)
4-5 cuillères à soupe d'amandes diverses (amandes, noix, graines de melon, châtaignes, etc.)
5 cuillères à soupe de sucre
7-8 cuillères à soupe de purée de dattes

Préparation : faites cuire le riz comme dans la recette générale page 12. Graissez généreusement un moule avec les deux tiers du saindoux. Collez le long des parois et au fond du moule les fruits confits et les amandes, en les appuyant sur le saindoux. Ajoutez au riz le reste de saindoux et le sucre, et mélangez bien. Disposez la moitié du riz dans le moule en uniformisant bien la surface, étalez dessus la purée de dattes, puis ajoutez le reste du riz jusqu'à environ 1,5 cm du bord du moule.
Cuisson : fermez le moule avec un linge ou une feuille de papier aluminium et mettez-le dans une marmite à vapeur et faites cuire 1 1/2 heure (ou bien faites cuire au bain-marie 1 1/2 heure).
Présentation : retirez le plat de la marmite à vapeur et ôtez le linge ou la feuille d'aluminium. Démoulez au-dessus du plat de service. Ce dessert très coloré conviendra pour 4 à 6 personnes.

Gâteau de riz aux huit trésors (ci-dessous)
Poires au miel (à droite)

Pommes au caramel

6 pommes de taille moyenne
6 cuillères à soupe de farine
1 cuillère à soupe de maïzena
2 blancs d'œufs
Huile à friture
130 g de sucre
1 cuillère à soupe de graines de sésame
1 cuillère à soupe d'huile

Préparation : pelez, évidez et coupez les pommes en quartiers. Saupoudrez-les avec un peu de farine. Tamisez le reste de farine avec la maïzena, ajoutez-y les blancs d'œufs et mélangez jusqu'à ce que cela forme une pâte.

La cuisine de Pékin et du Nord de la Chine

Agneau à la ciboule

Vous pouvez utiliser de jeunes poireaux à la place de la ciboule.

450 g de gigot d'agneau
1 cuillère à café de sel
1 1/2 cuillère à soupe de sauce soja
1 1/2 cuillère à soupe de maïzena
4 cuillères à soupe d'huile
6 ciboules
4 gousses d'ail
1 cuillère à soupe de saindoux
1 1/2 cuillère à soupe de shao hsin chiew ou de vin blanc
1/2 cuillère à café de sucre

Préparation : coupez l'agneau en tranches de 4 × 2,5 cm. Mélangez le sel, la sauce soja, la maïzena et un quart de l'huile, puis passez-y les tranches d'agneau. Laissez-les 30 minutes. Coupez la ciboule en morceaux de 5 cm de long. Écrasez l'ail.
Cuisson : faites chauffer le reste d'huile à feu vif, dans une grande poêle. Quand elle est chaude, faites-y revenir 2 minutes l'agneau et l'ail, tout en tournant. Ajoutez le saindoux ; quand il est fondu, ajoutez la ciboule, le sucre et le shao hsin chiew. Faites revenir encore 1 minute, tout en tournant.
Présentation : servez sur un plat de service chaud.

Crevettes à la pékinoise

450-580 g de très grosses crevettes non décortiquées (environ 8-10)
1 cuillère à soupe de sel
90 cl d'eau
4-5 gousses d'ail
4 ciboules
3 cuillères à soupe d'huile
1 1/2 cuillère à soupe de sauce soja
1 cuillère à soupe de sauce hoisin
1 cuillère à soupe de shao hsin chiew ou de vin blanc
1 cuillère à café de sucre
1 cuillère à soupe de saindoux

Préparation : lavez les crevettes sous l'eau froide. Faites fondre le sel dans l'eau. Faites tremper 1 heure les crevettes dans l'eau salée, puis égouttez-les. Essuyez-les avec du papier absorbant. Écrasez l'ail. Coupez la ciboule en morceaux de 1 cm de long.
Cuisson : faites chauffer l'huile dans une poêle à feu doux. Quand elle est chaude, ajoutez-y les crevettes, l'ail et les trois quarts de la ciboule. Faites revenir le tout 1 minute, tout en tournant. Ajoutez la sauce soja, la sauce hoisin, le shao hsin chiew et le sucre. Faites revenir tout en tournant jusqu'à ce que la sauce soit complètement évaporée (environ 1 1/2 minute). Ajoutez le saindoux et le reste de ciboule. Faites encore revenir 1/2 minute tout en tournant.
Présentation : servez sur un plat de service chaud. Les convives décortiqueront les crevettes pour les déguster. Pour les gourmets, les crevettes cuites non décortiquées sont plus savoureuses que celles que l'on décortique avant de les cuire.

Soupe aux cinq ingrédients

3 1/2 cuillères à soupe de bêche-de-mer (Hai Sim)
3 1/2 cuillères à soupe de champignons parfumés
3 1/2 cuillères à soupe de blanc de poulet cru
3 1/2 cuillères à soupe de jambon fumé
3 1/2 cuillères à soupe de pousses de bambou
90 cl de bouillon clair (page 25)
1 bouillon cube au poulet
2 cuillères à soupe de sauce soja
3 cuillères à soupe de vinaigre de vin
Poivre
1 cuillère à soupe de maïzena délayée dans 4 cuillères à soupe d'eau
1 cuillère à soupe de saindoux ou de graisse de poulet
1 cuillère à soupe de coriandre hachée ou de persil haché

Préparation : faites tremper les bêche-de-mer (Hai Sim) dans l'eau chaude et changez-la tous les jours pendant cinq jours ; égouttez-les et coupez-les en cubes. Faites tremper les champignons parfumés 30 minutes, dans 30 cl d'eau. Équeutez-les et coupez les têtes en petits morceaux. Coupez le blanc de poulet, le jambon et les pousses de bambou en morceaux de la même taille.
Cuisson : faites chauffer le bouillon dans une casserole. Quand il bout, ajoutez les morceaux des cinq ingrédients et émiettez le bouillon cube. Laissez mijoter doucement 15 minutes. Ajoutez la sauce soja, la vinaigre, le poivre et la maïzena délayée. Quand cela recommence à bouillir, ajoutez le saindoux ou la graisse de poulet. Saupoudrez la coriandre ou le persil. Portez à ébullition et retirez du feu.
Présentation : servez dans des bols individuels ou dans une soupière.

Canard de Pékin

1 canard de 2 kg
1 cuillère à soupe de sucre d'orge
1 cuillère à soupe de sauce soja
30 cl d'eau

Garniture des crêpes
4-5 brins de ciboule
1/2 concombre de taille moyenne

Sauce
2 cuillères à soupe de sauce soja
1 1/4 cuillère à soupe de sauce de soja noire
1 1/4 cuillère à soupe de sauce hoisin
1 1/4 cuillère à soupe de sucre
1 cuillère à soupe d'huile de sésame

Préparation : lavez le canard sous l'eau froide, puis aspergez la peau avec de l'eau bouillante en tournant progressivement le canard. Essuyez-le à l'extérieur et à l'intérieur à l'aide de serviettes en papier. Suspendez-le par le cou toute une nuit, dans un endroit aéré. Mélangez le sucre d'orge, la sauce soja et l'eau jusqu'à ce que cela soit homogène. Badigeonnez-en le canard et laissez sécher 30 minutes. Coupez la ciboule en morceaux de 5 cm de long. Coupez le concombre en lanières. Mélangez tous les ingrédients de la sauce.
Cuisson : mettez le canard sur une grille au-dessus d'une lèchefrite. Faites-le rôtir 1 heure sans l'arroser et sans ouvrir le four, dans un four préchauffé à 190°. Le canard doit être cuit et la peau croustillante. Mettez la sauce dans une casserole et faites-la cuire 2 minutes en remuant constamment.
Présentation : découpez la peau du canard en morceaux de 4 × 2,5 cm et disposez-les sur un plat de service chaud. Découpez la chair du canard en morceaux de la même taille que vous disposerez sur un autre plat de service chaud. Badigeonnez une crêpe de sauce soja, posez-y un morceau de canard et un morceau de peau, ajoutez-y du concombre et de la ciboule, pliez la crêpe et dégustez. La texture recherchée est de trois sortes : une peau craquante, la chair savoureuse et des légumes croquants. Cette recette convient pour 6 à 8 personnes.

Les crêpes
Vous pouvez les acheter dans une épicerie chinoise ou bien les faire de la façon suivante :

230 g de farine
25 cl d'eau bouillante
2 cuillères à soupe d'huile de sésame

Préparation : tamisez la farine dans une jatte. Versez doucement l'eau bouillante, en battant constamment à l'aide d'une cuillère en bois, jusqu'à ce que vous obteniez une pâte. Pétrissez-la 5 à 6 minutes, puis laissez-la reposer 10 minutes. Formez une longue miche d'environ 5 cm de diamètre. Découpez-y des tranches de 1,5 cm. Étalez-les jusqu'à ce qu'elles aient 15 cm de diamètre. Badigeonnez la surface de deux crêpes avec de l'huile de sésame et posez-les l'une sur l'autre (la partie huilée de la première sur la partie huilée de la seconde). Faites la même chose avec toutes les autres crêpes.
Cuisson : faites chauffer une poêle à fond épais, à feu doux, sans graisse. Quand elle est chaude, posez-y une double crêpe que vous ferez chauffer environ 3 minutes de chaque côté (des points brunâtres doivent apparaître). Retirez la

crêpe de la poêle, laissez-la légèrement refroidir. Séparez les deux crêpes. Roulez chaque crêpe du côté qui a été huilé. Empilez-les sur un plat à feu et mettez-les dans une marmite à vapeur et faites-les cuire à la vapeur 10 minutes (ces crêpes se garderont bien au réfrigérateur 2-3 jours). Pour environ 10 à 12 crêpes.

Poisson poché à la sauce au vin

2-3 cuillères à soupe de champignons noirs
450 g de filets de poisson (sole, brème, carpe, etc.)
1 cuillère à café de sel
1 blanc d'œuf
1 1/4 cuillère à soupe de maïzena
3 tranches de gingembre
Huile à friture
2 cuillères à soupe de saindoux

Sauce
1 cuillère à café de maïzena délayée dans 4 cuillères à soupe d'eau
3 cuillères à soupe de bouillon clair (page 25)
4 cuillères à soupe de vin blanc
1 cuillère à café de sucre
1 pincée de sel

Préparation : faites tremper les champignons dans de l'eau 30 minutes. Égouttez-les et essuyez-les. Coupez le poisson en tranches de 5 × 2,5 cm. Passez-les dans le sel et laissez-les 30 minutes. Nappez-les de blanc d'œuf et de maïzena. Pelez et coupez le gingembre en lanières. Mélangez tous les ingrédients de la sauce.
Cuisson : faites chauffer l'huile dans une poêle profonde. Quand elle est chaude, retirez-la 45 secondes du feu. A l'aide d'une écumoire, faites-y pocher les morceaux de poisson un à un. Remettez la poêle à feu doux 1 minute. Retirez le poisson et faites-le égoutter sur du papier absorbant. Faites chauffer la graisse à feu doux dans une poêle. Quand elle est fondue, faites-y revenir 1 minute le gingembre et les champignons, tout en tournant. Retirez le gingembre, versez la sauce et tournez jusqu'à ce qu'elle ait épaissi. Baissez le feu, ajoutez les morceaux de poisson, un à un, et faites-les pocher dans la sauce pendant 1-1 1/2 minute.
Présentation : disposez les morceaux de poisson sur un plat de service chaud. Nappez-les de sauce et entourez-les des champignons.

Canard de Pékin

La cuisine de Chang-Hai et de la Chine orientale

Côtes de porc frites

700 g de côtes de porc
5-6 cuillères à soupe d'huile

Sauce
3-4 cuillères à soupe de sel
1 cuillère à café de poivre noir fraîchement moulu

Préparation : coupez les côtes de porc en 4 morceaux. Passez-les dans 1 cuillère à soupe d'huile. Faites chauffer à feu doux dans une petite casserole le sel et le poivre 1 1/2 à 2 minutes, en remuant constamment ; un parfum doit s'en dégager. Versez le mélange dans deux petites soucoupes que vous poserez sur la table.
Cuisson : faites chauffer le reste d'huile à feu vif dans une poêle. Quand elle est chaude, faites-y revenir 6 minutes les morceaux de porc tout en tournant ; ils doivent être dorés. Retirez-les de la poêle avec une écumoire.
Présentation : disposez les morceaux de porc sur un plat de service chaud que vous poserez à côté des soucoupes. Chaque convive passera son morceau de porc dans les soucoupes avant de le déguster.

Crevettes frites au concombre

230-350 g de crevettes
1/2 cuillère à café de sel
3 1/2 cuillères à soupe d'huile
1/2 concombre de taille moyenne
1 1/2 cuillère à soupe de sauce soja
1 cuillère à café de sucre
2 cuillères à soupe de bouillon clair (page 25)
2 cuillères à soupe de shao hsin chiew ou de vin blanc

Préparation : passez les crevettes dans le sel et dans 1 cuillère à café d'huile. Laissez-les 15 minutes. Coupez le concombre en dés.
Cuisson : faites chauffer le reste d'huile à feu vif dans une poêle. Quand elle est chaude, faites-y revenir 1/2 minute les crevettes, tout en tournant. Ajoutez le concombre. Versez la sauce soja, le sucre, le bouillon et le shao hsin chiew. Faites revenir encore 1 1/2 minute tout en tournant.
Présentation : Servez sur un plat de service chaud.

Jambon aux graines de lotus

1 tranche de jambon frais de 5 cm d'épaisseur (environ 1-1,25 kg)
3 cuillères à soupe de cassonnade
1 pincée de cannelle
6 cuillères à soupe d'eau
1 petite tasse de graines de lotus ou de cacahuètes

Sauce au miel
3 cuillères à soupe de miel liquide
1 1/2 cuillère à soupe de sucre
1 cuillère à café de maïzena délayée dans 3 cuillères à soupe d'eau

Préparation : mettez le jambon, en un seul morceau, dans un plat allant au four. Mettez-le dans une marmite à vapeur et faites-le cuire à la vapeur 1 heure (ou posez le plat sur un bol retourné au fond d'une grande cocotte contenant 2,5 cm d'eau, portez à ébullition, fermez et laissez cuire 1 heure). Coupez le jambon en 8 morceaux, puis reformez la tranche. Mettez la cannelle, la cassonnade et l'eau dans une casserole et laissez chauffer jusqu'à ce que la cassonnade soit fondue. Ajoutez les graines de lotus que vous mélangerez bien dans ce sirop. Mélangez tous les ingrédients de la sauce.
Cuisson : répartissez les graines de lotus et le sirop sur le jambon. Reportez le plat dans la marmite à vapeur et faites cuire à la vapeur encore 1 1/2 heure. Versez la sauce dans une petite casserole et faites-la cuire, sans cesser de remuer, jusqu'à ce qu'elle ait épaissi.
Présentation : versez la sauce sur le jambon. Celui-ci doit être suffisamment tendre, pour qu'on puisse le débiter en petits morceaux avec des baguettes. Pour 4 à 6 personnes.

Jambon aux graines de lotus

Chou braisé

1 petit chou vert de 700 g
3 gousses d'ail
3 1/2 cuillères à soupe d'huile
1 cuillère à café de sel
1/2 bouillon cube au poulet
4 cuillères à soupe de bouillon clair (page 25)
1 cuillère à soupe de saindoux

Préparation : ôtez les feuilles de chou abîmées et les parties dures. Coupez-le en quatre ou en six. Lavez-le soigneusement, puis essuyez-le. Écrasez l'ail.
Cuisson : faites chauffer l'huile dans une poêle à feu vif. Quand elle est chaude, faites-y revenir 1 1/2 minute les morceaux de chou, tout en remuant, jusqu'à ce qu'ils soient bien nappés. Ajoutez le sel, l'ail, le bouillon cube émietté et le bouillon. Faites revenir et tournez quelque temps. Laissez cuire 3-4 minutes. Ajoutez le saindoux et tournez encore quelques instants.
Présentation : servez sur un plat de service chaud. Quand il est cuit, ce plat est d'une très belle couleur jade et il constitue un très bon accompagnement pour un plat de viande braisée à la sauce soja.

Poisson braisé à la pâte de soja

1 poisson entier de 1 kg (carpe, mulet, brème, maquereau, etc.)
2 cuillères à soupe de farine
1 oignon de taille moyenne
3 ciboules
2 cubes de pâte de soja
2 cuillères à soupe de laitue salée (hseuh tsai)
5 cuillères à soupe d'huile
30 cl de bouillon clair (page 25)
3 cuillères à soupe de sauce soja
1 cuillère à café de sucre
2 cuillères à soupe de shao hsin chiew ou de vin blanc
1 cuillère à soupe de saindoux
Poivre

Préparation : videz et nettoyez le poisson, puis coupez-le en gros morceaux. Passez ceux-ci dans la farine. Coupez l'oignon en tranches fines. Coupez la ciboule en morceaux de 2,5 cm de long. Coupez la pâte de soja en une dizaine de morceaux. Coupez fin les laitues salées.
Cuisson : faites chauffer l'huile à feu vif dans une poêle. Quand elle est chaude, faites-y revenir 1 minute l'oignon et les laitues salées, tout en tournant. Ajoutez le poisson et remuez-le dans l'huile 3 à 4 minutes. Retirez l'excès de gras. Versez le bouillon, la sauce soja, le sucre et le shao hsin chiew. Faites revenir 2 minutes le poisson dans cette sauce, tout en tournant. Retirez le poisson de la poêle. Ajoutez le shao hsin chiew, le saindoux, le poivre et laissez cuire 5 minutes. Remettez le poisson dans la poêle, parsemez-le de morceaux de ciboule et mélangez bien le tout. Baissez le feu et laissez mijoter 2 à 3 minutes.
Présentation : servez dans un plat de service creux chaud ou dans une grande jatte. Ce plat est très apprécié en hiver à Chang-Hai. Il est délicieux accompagné de riz. Pour 4 à 6 personnes.

La cuisine de Canton et de la Chine méridionale

Canard laqué de Canton

1 canard de 2 kg

Farce
3 gousses d'ail
1 oignon de taille moyenne
1 pincée de cinq-parfums
1 cuillère à café de sucre
5 cuillères à soupe de bouillon clair (page 25)
1 1/2 cuillère à soupe de sauce soja
1 1/2 cuillère à soupe de sauce soja noire
3 cuillères à soupe de shao hsin chiew ou de vin blanc

Nappage
30 cl d'eau
4-5 cuillères à soupe de miel
5 cuillères à soupe de vinaigre de vin
2 cuillères à soupe de sauce soja

Préparation : lavez le canard sous l'eau froide. Écrasez l'ail. Coupez l'oignon en tranches fines. Mélangez l'oignon, l'ail, le cinq-parfums, le sucre, le bouillon, la sauce soja, la sauce soja noire et le shao hsin chiew. Versez ce mélange à l'intérieur du canard et cousez-le. Mélangez les ingrédients du nappage. Mettez-les à feu doux dans une petite casserole, jusqu'à ce que le miel soit complètement dissous. Plongez le canard dans de l'eau en ébullition. Égouttez-le et séchez-le avec du papier absorbant. Suspendez-le par le cou 1 heure dans un endroit aéré. Badigeonnez-le avec le nappage, puis faites-le sécher, toujours suspendu, toute une nuit.
Cuisson : mettez le canard sur une grille placée sur une lèchefrite. Faites-le rôtir 10 minutes dans un four préchauffé à 220°. Retournez-le et faites-le à nouveau rôtir 10 minutes. Réduisez la température du four à 190°. Retournez à nouveau le canard et laissez-le encore 40 minutes au four. Relevez la température du four à 200°, badigeonnez à nouveau le canard avec le nappage et faites-le encore rôtir 10 minutes.
Présentation : découpez le canard en morceaux de même taille et servez-le chaud ou froid. Vous pouvez servir le jus qui sort de l'intérieur du canard comme une sauce. Pour 4 à 6 personnes.

Canard laqué de Canton

Bœuf à la sauce d'huîtres et aux brocolis

450 g de rumsteack ou de filet de bœuf
1/2 cuillère à café de sel
1 cuillère à soupe de sauce soja
1 1/2 cuillère à soupe de maïzena
4 cuillères à soupe d'huile
2 cuillères à soupe de sauce d'huîtres

Brocolis
230-350 g de brocolis
15 cl de bouillon clair (page 25)
1/2 cuillère à café de sel
1 cuillère à soupe de saindoux

Préparation : coupez le bœuf en tranches de 5 × 2,5 cm. Mélangez le sel, la sauce soja, la maïzena et un quart de l'huile, puis passez les tranches de bœuf dans ce mélange. Laissez-les mariner 15 minutes. Séparez les brocolis en petits bouquets.
Cuisson : mettez le bouillon, le sel et le saindoux dans une casserole à feu doux. Quand cela bout, ajoutez les brocolis. Laissez cuire 7 à 8 minutes, en tournant de temps à autre ; le liquide doit être presque complètement évaporé. Faites chauffer le reste d'huile dans une poêle à feu vif. Quand elle est chaude, faites-y revenir 1 1/2 minute le bœuf, tout en tournant. Ajoutez la sauce d'huîtres et faites encore revenir 1 minute tout en tournant.
Présentation : disposez les brocolis au fond d'un plat de service chaud et nappez-les avec le bœuf et la sauce.

Crevettes pochées

700 g de crevettes non décortiquées
1 cuillère à soupe de sel
60 cl d'eau

Sauce 1
3-4 cuillères à soupe de sauce hoisin

Sauce 2
2 cuillères à soupe de sauce soja
3 cuillères à soupe de vinaigre de vin ou de Mei kui Lu
4 tranches de gingembre pelées et coupées en lanières

Sauce 3
2 cuillères à soupe de sauce soja
2 1/2 cuillères à soupe de vinaigre de vin ou de Mei kui Lu
4 gousses d'ail écrasées
2 ciboules coupées fin
1 cuillère à café d'huile de sésame

Sauce 4
3 cuillères à soupe de sauce soja
1 cuillère à café de sauce chili

Préparation : lavez les crevettes sous l'eau froide. Faites dissoudre le sel dans l'eau. Faites-y tremper les crevettes 45 minutes, puis égouttez-les. Essuyez-les avec du papier absorbant. Préparez chaque sauce, en mélangeant leurs ingrédients.
Cuisson : faites chauffer à feu doux une grande casserole d'eau. Portez à ébullition et plongez-y les crevettes. Quand l'eau recommence à bouillir, retirez la casserole du feu et laissez ainsi 3 minutes. Égouttez les crevettes.
Présentation : disposez les crevettes dans une très grande jatte et entourez-les des petits bols contenant les sauces. Pour les déguster, retirez la tête de la crevette, et passez la chair apparente dans une sauce. Grignotez le reste de la chair en la trempant au fur et à mesure dans les sauces. Quand les crevettes sont très fraîches, les Chinois estiment que les faire pocher est le meilleur mode de cuisson.

Crabe à la cantonaise

2-3 crabes de taille moyenne
4 tranches de gingembre
3-4 gousses d'ail
1 cuillère à café de sel
2-3 oignons de taille moyenne
3 ciboules
4 cuillères à soupe d'huile
4 cuillères à soupe de bouillon clair (page 25)
1 1/2 cuillère à soupe de sauce soja
4 cuillères à soupe de shao hsin chiew ou de vin blanc

Préparation : ouvrez le crabe en introduisant la pointe d'un couteau entre la carapace et le plastron (partie du dessous). Détachez les pinces et épluchez-les. Coupez la chair des crabes en quatre ou en six. Retirez tous les éléments spongieux. Pelez et hachez le gingembre, écrasez l'ail. Saupoudrez le sel, le gingembre et l'ail sur la chair des crabes. Coupez les oignons en tranches fines. Coupez la ciboule en morceaux de 2,5 cm de long.
Cuisson : faites chauffer l'huile à feu vif dans une poêle. Quand elle est chaude, faites-y revenir 1 minute les oignons, tout en tournant. Ajoutez les morceaux de crabe et faites-les revenir 3 minutes, tout en tournant. Ajoutez le bouillon, la sauce soja et le shao hsin chiew. Couvrez la poêle et laissez cuire 3 minutes. Saupoudrez les morceaux de ciboule et faites revenir encore 1 minute, tout en tournant.
Présentation : servez sur un grand plat de service chaud.

Porc rouge piquant

La cuisine du Sseu-Tch'ouan et de la Chine occidentale

Porc rouge piquant

1 1/2 cuillère à soupe de champignons noirs
700 g de poitrine de porc
1 cuillère à café de sauce chili ou 2 piments secs
4 ciboules
4 gousses d'ail
3 1/2 cuillères à soupe d'huile
1 cuillère à soupe de sauce soja noire
2 cuillères à soupe de sauce soja
1 cuillère à soupe de sauce hoisin
2 cuillères à soupe de concentré de tomates
1 cuillère à café de sucre
3 cuillères à soupe de bouillon clair (page 25)
1 1/2 cuillère à soupe de shao hsin chiew ou de vin blanc
1 cuillère à soupe d'huile de sésame

Préparation : faites tremper 30 minutes les champignons dans de l'eau. Rincez-les et égouttez-les. Mettez le porc dans une casserole d'eau bouillante. Portez à ébullition et laissez mijoter 25 minutes. Laissez refroidir. Quand c'est froid, coupez le porc en tranches de 5 × 4 cm. Coupez les piments en fines lanières après les avoir épépinés. Coupez la ciboule en morceaux de 4 cm de long. Écrasez l'ail.
Cuisson : faites chauffer l'huile à feu doux dans une poêle. Quand elle est chaude, faites-y revenir 1 minute les piments et les champignons. Ajoutez l'ail, la sauce soja noire, la sauce soja, la sauce hoisin, le concentré de tomates, le sucre et le bouillon. Remuez 1/2 minute jusqu'à ce que le mélange soit homogène. Disposez en une seule couche les morceaux de porc. Augmentez le feu et tournez les morceaux de porc jusqu'à ce qu'ils soient bien nappés de sauce, et que celle-ci commence à épaissir. Ajoutez la ciboule, le shao hsin chiew et l'huile de sésame. Tournez encore quelques instants.
Présentation : servez sur un plat de service chaud.

Mo Po Tofu (Pâte de soja au bœuf ou porc)

Mo Po Tofu (Pâte de soja au bœuf ou porc)

5-6 champignons parfumés
1 cuillère à café de haricots noirs salés
4 gousses d'ail
3 ciboules
2-3 cubes de pâte de soja
4 cuillères à soupe d'huile
5-6 cuillères à soupe de bœuf (ou porc) haché
2 cuillères à soupe de sauce soja
2 cuillères à soupe de sauce hoisin
1 cuillère à café de sauce chili
1/2 cuillère à café de sucre
4 cuillères à soupe de bouillon clair (page 25)
1 cuillère à café de maïzena délayée dans 3 cuillères à soupe d'eau
1 1/2 cuillère à café d'huile de sésame

Préparation : faites tremper les champignons 30 minutes dans 30 cl d'eau. Faites tremper les haricots noirs 15 minutes dans de l'eau. Équeutez les champignons et coupez les têtes en quatre. Gardez l'eau dans laquelle ont trempé les champignons. Écrasez l'ail et coupez la ciboule en petites rondelles. Coupez les cubes de soja en dés.
Cuisson : faites chauffer l'huile à feu doux dans une poêle. Quand elle est chaude, faites-y revenir 1/2 minute les haricots noirs, tout en tournant. Ajoutez le bœuf (ou le porc), la moitié de la ciboule et les champignons. Tournez 3 à 4 minutes, jusqu'à ce que le tout soit bien mélangé. Ajoutez l'ail, 3 à 4 cuillères à soupe de l'eau dans laquelle ont trempé les champignons, la sauce soja, la sauce hoisin, la sauce chili, le sucre, les dés de soja et le bouillon. Augmentez le feu et tournez sans arrêt jusqu'à ce que cela commence à bouillir. Laissez mijoter 3 à 4 minutes. Ajoutez la maïzena, le reste de ciboule, l'huile de sésame et tournez quelques instants.
Présentation : servez dans un plat de service creux, chaud. Ce plat est délicieux accompagné de riz.

Poulet à la vapeur

1 poulet de 1,5-2 kg
2 oignons de taille moyenne
3 tranches de gingembre
3-4 piments secs
450 g de patates douces ou yams
1 cuillère à café de sel

Sauce
5-6 cuillères à soupe de bouillon de poule
2 cuillères à soupe de sauce soja
2 cuillères à soupe de shao hsin chiew ou de vin blanc
1 cuillère à soupe de maïzena délayée dans 3 cuillères à soupe d'eau
1/2 bouillon cube au poulet
1 cuillère à café d'huile de sésame

Préparation : coupez le poulet en portions individuelles. Coupez chaque patte et aile en trois et faites 8-10 morceaux dans le corps. Mettez les morceaux de poulet dans une casserole et couvrez-les d'eau. Portez à ébullition et laissez mijoter 30 à 35 minutes. Coupez les oignons en tranches fines. Pelez et coupez le gingembre en lanières, coupez les piments en lanières après les avoir épépinés. Coupez les patates en morceaux de la même taille que les morceaux de poulet. Mélangez tous les ingrédients de la sauce.
Cuisson : saupoudrez les morceaux de poulet de sel et posez-les, la peau au fond du plat, dans un plat à four. Empilez dessus les patates. Saupoudrez avec le gingembre, le piment, l'oignon et versez 2 à 3 cuillères à soupe de bouillon de poule. Recouvrez le plat d'une feuille de papier aluminium et mettez-le dans une marmite à vapeur. Faites cuire à la vapeur 1 1/2 heure. Quand le poulet et les patates sont prêts, faites chauffer la sauce dans une petite casserole, sans cesser de tourner, jusqu'à ce qu'elle épaississe.
Présentation : disposez sur un plat de service chaud. Nappez de sauce.

Foie frit

450-580 g de foie de porc
1 cuillère à café de sel
1 cuillère à soupe de shao hsin chiew ou de vin blanc
2 cuillères à soupe d'huile
1 cuillère à soupe de maïzena délayée dans 2 cuillères à soupe d'eau
1 cuillère à café d'ail
1 cuillère à café de gingembre
1 1/4 cuillère à soupe de ciboule
3 cuillères à soupe de saindoux

Sauce
1 cuillère à soupe de shao hsin chiew
1 1/2 cuillère à soupe de sauce soja
1 1/2 cuillère à soupe de concentré de tomates
1 1/2 cuillère à soupe de vinaigre de vin
1 1/2 cuillère à soupe de bouillon clair (page 25)
1 cuillère à café de sucre

Préparation : coupez le foie en tranches de 5 × 2,5 cm. Mélangez le sel, le shao hsin chiew, l'huile et la maïzena et passez-y les tranches de foie. Laissez reposer 15 minutes. Écrasez l'ail, pelez et coupez le gingembre en lanières. Coupez la ciboule en petits morceaux. Mélangez tous les ingrédients de la sauce.
Cuisson : faites chauffer le saindoux à feu doux dans une poêle. Quand il est fondu, disposez dans celle-ci, en une seule couche, le foie. Augmentez le feu et faites revenir les morceaux de foie 15 secondes tout en tournant. Ajoutez le gingembre, l'ail et la ciboule, et faites revenir 1/2 minute tout en tournant. Versez la sauce dans la poêle. Quand cela commence à bouillir, faites encore revenir 1/2 minute, tout en tournant.
Présentation : servez sur un plat de service chaud.

Rognons frits piquants

350-450 g de rognons de porc
1 cuillère à café de sel
1 1/2 cuillère à soupe de shao hsin chiew ou de vin blanc
2 cuillères à soupe d'huile
2 gousses d'ail
3 tranches de gingembre
3 ciboules
2 piments secs
1 poivron rouge
1 cuillère à café de sucre
1 1/2 cuillère à soupe de vinaigre de vin blanc
1 1/2 cuillère à soupe de sauce soja
1 1/2 cuillère à soupe de bouillon clair (page 25)
1/2 cuillère à café de sauce chili
1 cuillère à café de maïzena délayée dans 2 cuillères à soupe d'eau
3 cuillères à soupe de saindoux

Préparation : retirez la peau et la graisse des rognons et coupez-les en deux. Incisez la surface des rognons en traçant des croix à l'aide d'un couteau. Coupez-les en lanières. Mélangez le sel, le shao hsin chiew et un quart de l'huile, puis passez les rognons dans ce mélange. Écrasez l'ail, pelez et coupez le gingembre en lanières. Coupez la ciboule en morceaux de 2,5 cm. Coupez les piments en lanières, après les avoir épépinés. Épépinez et ôtez les parties blanches du poivron et coupez-le en tranches de 1,5 cm. Mélangez le sucre, le vinaigre, la sauce soja, le bouillon, la sauce chili et la maïzena.
Cuisson : faites chauffer le reste d'huile et le saindoux à feu vif dans une poêle. Quand le saindoux est fondu, faites-y revenir 15 à 18 secondes les rognons, tout en tournant, puis retirez-les avec une écumoire. Faites revenir les piments dans la poêle 10 secondes, tout en tournant. Ajoutez le gingembre, l'ail et la ciboule. Faites revenir 10 secondes tout en tournant. Remettez les rognons dans la poêle, ajoutez le poivron, et faites encore revenir 15 secondes tout en tournant.
Présentation : servez sur un plat de service chaud. Les rognons doivent être cuits, mais encore croquants et fermes.

Pot à feu du Sseu-Tch'ouan (Fondue chinoise)

Le pot à feu chinois est l'équivalent de la fondue occidentale. Le pot à feu est un ustensile garni au centre d'un cylindre à parois épaisses contenant des braises que surmonte une cheminée. La bassine entourant la cheminée est destinée à contenir le bouillon chaud dans lequel chaque convive fera cuire les divers ingrédients (voir page 80, à gauche).

80 g de blanc de poulet cru
2 foies de poulet
80 g de rognons de porc
80 g de bœuf cru maigre
130 g de poisson blanc cru
80 g de chou blanc ou de chou chinois
130 g d'épinards
2 cuillères à soupe d'huile
50 g de cacahuètes décortiquées
2 cornichons de taille moyenne
1 cube de pâte de soja
1 1/4 l de bouillon clair (page 25)
Sel et poivre
2 cuillères à soupe de feuilles de coriandre
Croûtons

Préparation : coupez en lanières le poulet, les foies de poulet, le rognon, le bœuf, le poisson et le chou. Lavez et hachez les épinards. Faites chauffer l'huile et faites-y revenir 3 minutes les cacahuètes, puis égouttez-les. Coupez les cornichons en lanières très fines. Coupez le cube de pâte de soja en 12 morceaux.
Cuisson et présentation : versez le bouillon dans un pot à feu chinois (ou à défaut dans une cocotte) et mettez-le à table sur un réchaud à fondue. Disposez les ingrédients dans des bols individuels, tout autour du réchaud. A l'aide de baguettes, chaque convive prendra tour à tour les divers ingrédients qu'il fera cuire quelques secondes dans le bouillon bouillant.

Index

Remerciements

Les éditeurs remercient les personnes et organismes suivants, qui les ont autorisés à reproduire les illustrations de ce livre :

Bryce Attwell 36, 59, 72 ; Barry Bullough 68-69, 78 ; Fruit Producers' Council 78-79 ; Melvin Grey 1,2-3, 4-5, 10-11, 13, 14, 15, 17, 18-19, 21, 22-23, 24, 26-27, 32-33, 35, 39, 41, 42 en haut, 42-43, 44, 45, 49, 50-51, 53, 54, 54-55, 63, 64, 65, 67, 68, gauche, 70, 71, 73, 74, 75, 76, 77, 80-81, 84-85, 87, 89, 91, 93 ; Sonia Halliday gardes ; John Lee 29, 37, 46, 52, 58 ; Neil Lorimer 40, 57, 60 ; Paul Kemp 30, 61, 94.

Ils remercient aussi les organismes qui ont prêté les accessoires figurant sur les illustrations :

Craftsmen Potters Association of Great Britain
Inside Outside Shop, Harvey Nichols, Knightsbridge

PDO 80-395